CONTES DE S

40 Récits Inspirants

pour veiller & réveiller votre âme

"Le chemin le plus court pour atteindre le cœur d'une personne passe par une histoire."

Kate DiCamillo

AVANT-PROPOS

Bienvenue dans "Contes de sagesse - 40 récits inspirants pour veiller et réveiller votre âme". Ce recueil unique rassemble 40 contes, chacun un joyau qui éclaire l'esprit et enrichit l'âme. Inspirés des maîtres littéraires comme Dickens, Tolstoï et Austen, et mêlés à des contes moraux du monde entier, ces récits vous offrent une évasion enrichissante du quotidien.

"Contes de sagesse" n'est pas qu'une collection de contes, mais une invitation à un voyage spirituel et à une réflexion profonde sur la vie. Ces histoires ouvrent des fenêtres sur des univers où le plaisir de la lecture se marie à des leçons de vie profondes, vous transportant dans des mondes où chaque mot a le pouvoir de transformer.

Je vous invite à explorer ces pages, à y trouver plaisir, évasion et inspiration, et à vous laisser guider par la sagesse qui y réside. Que ce livre soit votre compagnon dans une quête de compréhension et d'éveil intérieur.

Bonne lecture et que le voyage commence !

SOMMAIRE

LE REVEIL DU CŒUR DE SCROOGE : UN CONTE DE NOËL

Il était une fois, dans la vaste et brumeuse ville de Londres, au cœur du XIXe siècle, un homme connu sous le nom d'Ebenezer Scrooge. Scrooge n'était pas un homme ordinaire ; c'était un être avare et égoïste, enfermé dans une prison dorée de sa propre cupidité. Son cœur, jadis capable de ressentir la joie et l'amour, était devenu aussi froid que l'acier des pièces de monnaie qu'il chérissait tant.

La veille d'un Noël particulièrement glacial, alors que les rues de Londres scintillaient de mille feux festifs, un événement extraordinaire

bouleversa la vie monotone de Scrooge. Le fantôme de Jacob Marley, son défunt associé, apparut devant lui, chaînes et regrets à l'appui. Ce spectre, condamné à errer pour l'éternité, vint avertir Scrooge qu'un sort similaire l'attendait s'il ne changeait pas de voie.

Afin de lui ouvrir les yeux, Marley annonça la visite de trois esprits de Noël. Scrooge, bien que sceptique, se retrouva entraîné dans un voyage surnaturel inoubliable.

Le premier esprit, celui des Noëls Passés, l'emmena dans les méandres de sa propre histoire. Scrooge vit son enfance, ses rêves perdus, les occasions manquées d'aimer et de se connecter aux autres. Les souvenirs de joies simples et sincères le remplirent d'une nostalgie poignante.

Puis vint l'Esprit des Noëls Présents, qui lui montra la réalité des vies autour de lui. Scrooge vit des familles, pauvres en biens mais riches de cœur, célébrant avec une joie authentique. Il découvrit la générosité dans les gestes les plus simples, éclairant les visages de ceux qui donnaient et recevaient.

Le dernier esprit, celui des Noëls Futurs, lui présenta une vision sombre et solitaire : une tombe oubliée, un héritage d'indifférence. Ce fut une révélation brutale pour Scrooge, une vision de ce que pourrait devenir sa vie s'il persistait sur son chemin solitaire.

Réveillé le matin de Noël, Scrooge était un homme transformé. Il réalisa que la vraie richesse ne se mesurait pas en pièces d'or, mais en actes de gentillesse et de compassion. Avec un cœur renouvelé et une âme allégée, il commença à réparer les erreurs du passé, se rapprochant de ceux qu'il avait négligés et étendant sa main généreuse à ceux dans le besoin.

Scrooge devint un symbole de joie et de bonté, changeant non seulement sa propre vie, mais aussi celle de ceux autour de lui. Son histoire devint un conte de Noël, raconté et chéri, une histoire de rédemption et de renaissance du cœur.

La morale de ce conte de Noël est simple mais puissante : la véritable richesse de la vie se trouve dans notre capacité à aimer, à partager et à prendre soin les uns des autres. L'histoire de Scrooge nous enseigne que même le cœur le plus endurci peut s'ouvrir à la lumière de la compassion et du partage. Elle nous rappelle que la transformation intérieure est possible à tout âge, et que chaque geste de bonté peut allumer une étincelle d'espoir et de bonheur dans le monde.

LES DOMINOS DE LA BONTE : LE MIRACLE DE WILLIAM

Dans un charmant village côtier, où les vagues caressaient doucement le rivage, vivait un homme nommé William. Modeste et discret, William était un citoyen ordinaire, semblable à ses voisins, mais destiné à devenir extraordinaire par un simple acte.

Un après-midi tranquille, alors qu'il jouait avec un jeu de dominos, William fut frappé par une inspiration soudaine. Chaque domino, tombant sur le suivant, créait une cascade envoûtante. Cette vision lui

donna une idée lumineuse : et si les actes de bonté pouvaient se propager de la même manière ?

Le lendemain, William posa la première pierre de ce qui allait devenir un mouvement remarquable. En aidant un voisin âgé à porter ses courses, il initia une réaction en chaîne d'actes altruistes. Ce voisin, ému par la gentillesse spontanée de William, se sentit poussé à aider à son tour quelqu'un d'autre. Ainsi, la chaîne des petits gestes commença à se déployer.

Peu à peu, ces actes de bonté se répandirent à travers la ville comme une douce mélodie. Des sourires partagés avec des inconnus, des mots de réconfort échangés, des gestes simples mais sincères transformèrent le quotidien des habitants. La ville, autrefois endormie dans la routine, se mit à vibrer d'une nouvelle énergie.

Les écoles organisèrent des initiatives communautaires, les commerces locaux lancèrent des programmes de soutien aux plus démunis, et chaque citoyen trouva une manière de contribuer au bien-être collectif. Les rues, autrefois silencieuses, bourdonnaient maintenant d'activités solidaires et chaleureuses.

Le village devint un modèle de compassion et de solidarité, où les liens entre les habitants se renforcèrent jour après jour. La magie de la gentillesse avait transformé la vie de William et de ses voisins, créant un havre de paix et d'entraide.

William, toujours humble, observait avec émerveillement les changements autour de lui. Il avait posé le premier domino, mais c'était la communauté qui avait créé la magnifique cascade de bonté.

La morale de cette histoire réside dans la puissance des petits gestes. Chaque acte de gentillesse, aussi modeste soit-il, peut déclencher une série d'événements positifs, rappelant à chacun l'importance de la bienveillance et du soutien mutuel. L'histoire de William et de sa "Chaîne des Petits Gestes" nous enseigne que nous avons tous le pouvoir d'inspirer et d'influencer notre entourage, et que même les actions les plus simples peuvent engendrer de grandes vagues de changement. En pratiquant la bonté au quotidien, nous pouvons transformer nos communautés en lieux de partage et de solidarité.

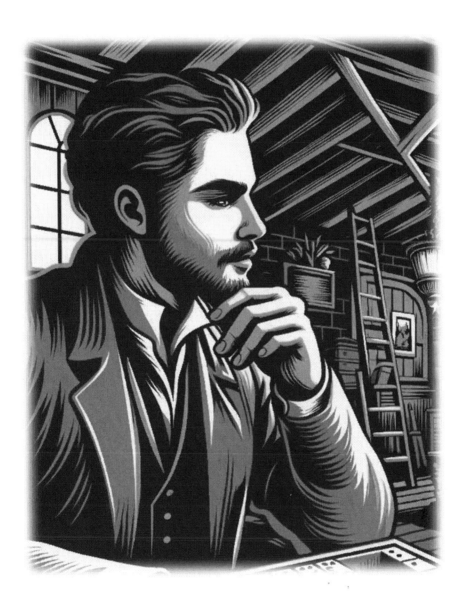

OLIVER TWIST : LE CHEMIN VERS LA LUMIERE

Dans l'obscurité des rues brumeuses de Londres, au milieu du XIXe siècle, un jeune orphelin nommé Oliver Twist commença un voyage remarquable. Né dans la misère, Oliver fut élevé dans un orphelinat dirigé par la cruelle Mme Mann. Cette demeure austère était un endroit où la douceur de l'enfance se perdait dans l'ombre de la négligence et de la sévérité.

Le jeune Oliver, armé d'une audace rare, prit la décision courageuse de fuir cet enfer. Il se retrouva seul dans les ruelles labyrinthiques de Londres, poussé par la faim et l'espoir d'une vie meilleure. Son périple le mena à croiser la route d'un groupe de jeunes voleurs sous la houlette du rusé Fagin. Ce monde de larcins et de subterfuges était loin de l'idéal d'Oliver, mais il semblait être sa seule échappatoire.

Dans ce monde sombre, Oliver apprit les ruses du vol, tout en gardant son cœur pur et sa conscience mal à l'aise face aux méfaits. Son innocence le conduisit à être faussement accusé d'un crime qu'il n'avait

pas commis. Cet incident malheureux fut le début d'une transformation remarquable pour Oliver.

Sauvé de la rue par le généreux Mr. Brownlow, Oliver découvrit un monde empli de bienveillance et d'éducation. La chaleur humaine et l'affection de Mr. Brownlow et de sa gouvernante, Mme Bedwin, lui ouvrirent les yeux sur un univers de possibilités et d'amour.

Cependant, l'ombre de son passé n'était jamais loin. Fagin et son sinistre complice, Bill Sikes, cherchaient à ramener Oliver dans leurs filets. Malgré ces menaces, l'orphelin resta fidèle à ses principes, refusant de replonger dans les abysses de la criminalité.

La détermination et la force morale d'Oliver portèrent finalement leurs fruits. La vérité sur ses origines et son héritage fut révélée, offrant à Oliver non seulement une famille mais aussi une vie de possibilités et de bonheur.

Cette histoire, inspirée de l'œuvre émouvante de Charles Dickens, "Oliver Twist", est un témoignage de la résilience et de la force de l'esprit humain. Elle nous enseigne que, malgré les ténèbres et les épreuves, la lumière de l'espérance, du courage et de la bonté peut mener à un avenir radieux. La vie d'Oliver Twist est un rappel poignant que même dans les moments les plus sombres, chacun peut trouver la lumière et la force de changer son destin.

"L'ÉCLAT DE L'ÉTOILE BIENVEILLANTE"

Il était une fois un jeune homme nommé Éli qui vivait dans un village côtier baigné dans la lumière dorée du soleil couchant. Les vagues murmuraient leurs secrets au rivage, tandis que les mouettes dansaient gracieusement sous la caresse du vent.

Un matin, alors que le monde s'éveillait, Éli fit une découverte extraordinaire sur la plage. Ce n'étaient pas les étoiles célestes qui

illuminent la nuit, mais de tendres créatures marines, les étoiles de mer. Échouées sur le sable par la marée, elles semblaient désorientées. Sans hésitation, Éli se lança dans une mission altruiste.

Avec une infinie délicatesse, il prenait chaque étoile de mer fragilisée pour la replonger dans les eaux où elles pourraient retrouver leur abri naturel. Tout cela, il le faisait avec un amour sincère, un amour pour ces petites merveilles de la nature.

Un sage du village, aux cheveux grisonnants, vint à lui et posa la question qui brûlait en lui : "Pourquoi donc fais-tu cela, cher Éli ? Ne penses-tu pas que l'océan regorge de tant d'étoiles de mer que ton geste ne fera guère de différence ?"

Éli s'arrêta un instant, tenant une étoile de mer minuscule dans la paume de sa main, elle brillait de mille feux. Son sourire se dessina en une courbe douce, et il répondit avec une sagesse infinie : "Cela compte, au moins pour celle-ci." Avec une tendresse infinie, il la laissa rejoindre l'immensité azurée.

L'homme observa ce geste simple et comprit. Il comprit que chaque action, même la plus petite, peut déclencher une grande transformation.

Jour après jour, Éli poursuivit sa noble quête. Il parcourait la plage, une étoile de mer à la fois, rassemblant les énergies des villageois.

Bientôt, la plage se transforma en un lieu où tous s'unissaient pour secourir les étoiles de mer échouées.

Au fil du temps, les habitants prirent conscience de la vérité qui animait les actions d'Éli. Ils comprirent que chaque petit geste empreint de compassion pouvait déclencher des révolutions silencieuses. Chaque étoile de mer sauvée était une lueur d'espoir dans l'immensité tumultueuse de l'océan de la vie.

Et ainsi, l'histoire d'Éli et des étoiles de mer nous rappelle que chaque acte de bienveillance, même le plus petit, compte et peut avoir un impact significatif. L'importance d'une action ne réside pas dans sa grandeur, mais dans l'amour et la compassion avec lesquels elle est effectuée. Cela nous enseigne que nous ne devons pas sous-estimer notre capacité à apporter des changements positifs, même dans des situations qui semblent démesurées ou insurmontables. En agissant avec bienveillance, nous pouvons illuminer la vie d'autrui et, au fil du temps, ces petites étincelles de gentillesse peuvent se transformer en une vague de changement positif et d'espoir. C'est un rappel puissant que chacun de nous a le pouvoir d'apporter sa propre lumière dans le monde, une étoile de mer à la fois. Et c'est ainsi que l'Éclat de l'Étoile Bienveillante brille toujours parmi nous.

"LE SAUT VERS LA LIBERTE"

Au sommet d'une colline isolée, vivait un homme du nom de Daniel, connu pour sa prudence et son évitement du moindre risque. Bien qu'il nourrisse des rêves et des aspirations, ses craintes le maintenaient dans une existence terne.

Un jour, une opportunité unique parvint aux oreilles de Daniel : un cours de parachutisme était proposé dans sa ville. L'idée de sauter d'un avion à des milliers de mètres d'altitude le terrifiait, mais il ressentit aussi

un profond appel à relever ce défi. Il décida de s'inscrire au cours, conscient que c'était l'occasion de repousser ses propres limites.

Le jour du saut en parachute arriva. Daniel était tendu, son cœur battait la chamade. Il monta à bord de l'avion avec d'autres participants tout aussi anxieux. Alors que l'avion prenait de l'altitude, il regarda par la fenêtre et sentit la peur s'emparer de lui. Néanmoins, il se souvint de la raison pour laquelle il était là : surmonter ses peurs et atteindre ses objectifs.

Le moment tant redouté survint. L'instructeur l'attacha à son harnais et, avec une assurance contagieuse, ils se dirigèrent vers la porte ouverte

de l'avion. Daniel regarda dans le vide en dessous de lui, son cœur battant à tout rompre. Il se rappela alors la leçon qu'il avait apprise : parfois, il faut affronter ses peurs pour atteindre ses aspirations.

Il prit une profonde inspiration et se lança dans le vide. La chute libre fut terrifiante, mais à mesure que le parachute s'ouvrit, une sensation de liberté et d'accomplissement envahit Daniel. Il avait surmonté sa peur et était en train de réaliser quelque chose qu'il avait toujours cru impossible.

De retour au sol, Daniel se sentit revigoré et confiant. Il avait appris que le fait de braver ses peurs était la clé pour atteindre ses objectifs. Ce saut en parachute était devenu une métaphore de sa vie : il avait

maintenant la certitude qu'il pouvait surmonter n'importe quel obstacle en prenant des risques calculés et en faisant face à ses peurs.

De retour chez lui, Daniel entreprit de poursuivre ses rêves avec une nouvelle détermination. Il savait désormais que rien n'était hors de portée tant qu'il était prêt à sortir de sa zone de confort. Le saut en parachute avait été bien plus qu'une expérience palpitante ; il était devenu la leçon fondamentale de sa vie sur la prise de risques et le dépassement de soi.

La morale de cette histoire est que le courage de faire face à nos peurs et de sortir de notre zone de confort est souvent la clé pour réaliser nos aspirations et vivre une vie pleinement épanouie. L'expérience de Daniel avec le parachutisme symbolise un saut vers la liberté non seulement physique, mais aussi psychologique. Cette histoire nous enseigne que les obstacles et les peurs, bien qu'imposants, ne doivent pas nous empêcher de poursuivre nos rêves. En affrontant nos craintes, nous pouvons découvrir en nous une force insoupçonnée et la capacité de surmonter les défis, nous ouvrant ainsi la voie à de nouvelles possibilités et à un sentiment d'accomplissement. Daniel montre que, parfois, le vrai risque n'est pas de tenter l'inconnu, mais de rester prisonnier de notre propre incertitude et de nos limitations auto-imposées.

"LE PRESENT PRECIEUX : LES TROIS LEÇONS DE SAGESSE DU ROI"

Il était une fois un roi qui vivait dans le luxe, mais qui était tourmenté par trois questions essentielles : Quand un moment devient-il vraiment important ? Qui sont les individus les plus exceptionnels ? Et quel est le devoir le plus impératif ?

Le roi avait entendu parler d'un ermite doté de la sagesse universelle, consulté par les villageois en quête de réponses. Décidant de rencontrer cet ermite, le roi entreprit un voyage vers une montagne reculée où vivait ce sage solitaire. En compagnie de ses conseillers, il atteignit humble demeure de l'ermite, où la simplicité régnait en maître.

Le roi posa sa première question : "À quel moment un instant devient-il vraiment significatif ?" L'ermite réfléchit et répondit avec sagacité : "Un instant devient important dès son avènement, car c'est le moment où nous avons le pouvoir d'agir. Le passé est derrière nous, le futur est un mystère. Seul le présent est entre nos mains."

Impressionné, le roi enregistra soigneusement les paroles de l'ermite. Il continua avec sa deuxième question : "Qui sont les individus les plus exceptionnels ?" L'ermite scruta le roi et ses conseillers puis déclara : "Les personnes les plus exceptionnelles sont celles qui sont présentes à vos côtés en ce moment même. Chaque individu que vous rencontrez peut vous enseigner quelque chose, que ce soit une leçon de sagesse ou d'humilité."

De nouveau, le roi fut émerveillé par la sagesse de l'ermite et grava ses paroles avec reconnaissance. Enfin, il posa sa troisième question : "Quel est le devoir le plus impératif ?" L'ermite contempla la nature qui l'entourait et répliqua avec bienveillance : "Le devoir le plus impératif est d'aimer et de prendre soin de tout ce qui vous entoure. Prenez soin de votre royaume, de votre peuple et de la nature. C'est là votre devoir le plus crucial."

Ému par ces paroles, le roi exprima sa profonde gratitude envers l'ermite. Il retourna dans son royaume, portant une nouvelle perspective sur la vie et ses obligations en tant que souverain. Dès lors, le roi incorpora les enseignements de l'ermite dans sa vie quotidienne. Il apprit à apprécier le présent, à considérer chaque individu comme exceptionnel et à veiller sur son royaume et son peuple.

Ainsi, le roi vécut dans la félicité et la satisfaction, sachant qu'il avait trouvé les réponses aux trois questions qui le hantaient tant.

La morale de cette histoire est que la compréhension du temps, des personnes et des devoirs est essentielle pour vivre une vie équilibrée et

épanouissante. Les enseignements de l'ermite au roi révèlent trois
leçons de sagesse fondamentales :

Le Présent est Précieux : Le moment présent est le plus important,
car c'est le seul moment où nous avons le pouvoir d'agir et d'influencer
notre vie. Le passé est révolu et le futur est incertain, mais le présent
est une opportunité réelle d'effectuer des changements positifs.

La Valeur des Personnes autour de Nous : Les personnes les plus
exceptionnelles sont celles qui sont à nos côtés en ce moment. Chaque
individu, quel que soit son statut ou son rôle, a quelque chose à nous

apprendre. Cette perspective encourage le respect et l'appréciation de chaque personne que nous rencontrons.

Le Devoir d'Amour et de Soin : Le devoir le plus impératif est d'aimer et de prendre soin de tout ce qui nous entoure, y compris notre environnement, notre communauté et nous-mêmes. Ce devoir souligne l'importance de la responsabilité, de l'empathie et de la bienveillance dans toutes nos actions.

Ces leçons enseignées par l'ermite guident le roi vers une gouvernance plus consciente et compatissante, et offrent une réflexion profonde sur la manière dont nous devrions aborder notre propre vie. Elles nous rappellent l'importance de vivre pleinement chaque instant, de valoriser les personnes autour de nous et de nous engager avec amour dans nos responsabilités quotidiennes.

"LE POUVOIR TRANSCENDANT DES MOTS : L'ÉVEIL DE LUCAS"

Dans un paisible village, vivait un homme nommé David, un écrivain passionné qui croyait profondément au pouvoir des mots pour influencer le destin des individus. Ce qui le distinguait était sa foi inébranlable en la magie des mots.

Un jour, le destin fit se croiser David et un jeune garçon nommé Lucas. Lucas, timide et réservé, avait du mal à exprimer ses pensées en public. Malgré ses rêves et ses talents cachés, il était enchaîné par la crainte du jugement des autres.

David percevait le potentiel immense de Lucas et décida de lui offrir le don de la parole bienveillante. Il lui conta des histoires inspirantes, lui prodigua des conseils empreints de sollicitude, et lui répéta inlassablement que les mots avaient un pouvoir profond. Peu à peu, Lucas commença à puiser la confiance en lui, à croire en son propre potentiel, et à s'ouvrir aux autres.

Un jour, le village annonça l'organisation d'un concours de talents. Lucas hésita, mais David le poussa à s'engager. Il lui rappela que les mots avaient le pouvoir de toucher les âmes et de changer des destins. Lucas décida de suivre les conseils de David et de révéler son talent pour la narration.

Le soir du concours, Lucas se dressa devant une assemblée attentive et commença à narrer une histoire captivante. Chacun de ses mots était imprégné de passion et d'émotion. Le public était suspendu à ses lèvres, captivé par chaque syllabe. À la conclusion de sa performance, une salve d'applaudissements éclata dans tout le village.

Lucas avait touché les cœurs de chacun avec son récit, et il avait également éveillé le sien. Il réalisa alors la vraie portée des mots et comment ils pouvaient métamorphoser positivement la vie des autres. Grâce à l'encouragement de David et à sa propre détermination, Lucas avait surmonté sa timidité pour révéler son talent inné pour l'art de la narration.

Ce soir-là, le village entier fut le témoin du pouvoir des mots. Les paroles positives et encourageantes de David avaient transformé Lucas, qui à son tour avait touché les autres par le pouvoir de ses mots. La leçon était claire pour tous : chaque mot que nous utilisons peut engendrer une différence, inspirer et encourager ceux qui nous entourent. C'est ainsi que dans ce petit village, "Le Pouvoir des Mots" devint une réalité palpable, une source d'inspiration pour tous.

La morale de cette histoire est que les mots ont un pouvoir transcendant qui peut transformer les vies et éveiller les potentiels cachés. L'histoire de David et Lucas illustre comment l'encouragement, la guidance et l'inspiration par les mots peuvent débloquer les capacités et la confiance d'une personne, lui permettant de s'épanouir et de partager ses dons avec le monde. Cette histoire nous rappelle que les mots que nous choisissons et la manière dont nous communiquons avec les autres peuvent avoir un impact profond. Ils peuvent soit construire et motiver, soit détruire et décourager. Lucas, grâce à l'encouragement et à la sagesse de David, découvre la puissance de sa propre voix et apprend à partager ses idées et ses histoires, changeant ainsi non seulement sa propre vie, mais aussi celle de son entourage. La transformation de Lucas montre qu'avec le soutien approprié et une foi en la puissance des mots, chacun peut surmonter ses peurs, s'exprimer librement et influencer positivement les autres.

"LES TRESORS DU COEUR : UNE LEÇON DE RICHESSE"

Il était une fois, dans un monde où la richesse était souvent mesurée par les biens matériels, un père doux et sage qui ressentait le besoin d'enseigner à son fils une leçon essentielle sur la véritable richesse. Malgré leur demeure fastueuse et leur entourage luxueux, le père savait qu'il était primordial d'ouvrir les yeux de son fils sur une réalité plus profonde.

Un jour, ils entreprirent un voyage à la rencontre d'une famille modeste, s'éloignant ainsi de leur univers doré. Ce périple n'était pas seulement physique, mais également une aventure de l'âme. À leur arrivée, le fils fut frappé par la simplicité de la maisonnette, mais plus encore par la joie pure des enfants jouant dans la prairie. Ces enfants, dénués de soucis matériels, rayonnaient d'une harmonie profonde avec la nature, les animaux et entre eux.

Les jours s'écoulèrent, et le fils découvrit une réalité où le manque matériel ne pesait pas sur les cœurs. Il fut témoin de moments empreints de gratitude, d'amour et de bien-être partagé, des trésors invisibles à l'œil mais palpables au cœur.

De retour chez eux, le fils exprima sa révélation : les véritables richesses transcendent les possessions matérielles. Elles résident dans la gratitude, l'amour et le bonheur intérieur. Son père, ému, réalisa que cette quête de sagesse était autant pour lui que pour son fils. En

cherchant à éduquer son enfant, il s'était lui-même éveillé à une vérité plus grande.

Depuis ce jour, leur relation s'enrichit de partages et d'apprentissages mutuels, révélant que chacun peut être à la fois enseignant et élève. Ils apprirent que les leçons les plus précieuses se cachent souvent dans les instants les plus inattendus.

La morale de cette histoire est que les vraies richesses de la vie ne se trouvent pas dans les possessions matérielles, mais dans les trésors immatériels tels que l'amour, la gratitude, la joie et les relations humaines. L'expérience du fils et de son père révèle que le bonheur et la satisfaction ne dépendent pas de l'abondance des biens, mais plutôt de la qualité des relations et des émotions vécues. Cette histoire met en lumière l'importance de reconnaître et d'apprécier les aspects de la vie qui ne peuvent être achetés ni mesurés en termes matériels. Elle nous enseigne que la compréhension et l'appréciation des richesses intérieures sont essentielles pour vivre une vie épanouie et significative. En explorant une vie plus simple et en découvrant le bonheur dans la simplicité, le fils, ainsi que son père, découvrirent une dimension plus profonde de l'existence où la richesse se mesurait par la qualité des relations et l'harmonie intérieure. Cette prise de conscience transforma non seulement leur perception de la richesse, mais enrichit également leur relation, les guidant vers une vie plus équilibrée et centrée sur ce qui compte vraiment.

"LES TROIS TAMIS DE LA SAGESSE : LA COMMUNICATION BIENVEILLANTE"

Dans la paisible Athènes, la renommée de Socrate s'étendait bien au-delà de ses questionnements perspicaces et de son esprit critique. Son approche unique de la communication laissait une empreinte positive sur tous ceux qu'il croisait.

Un jour, un homme aborda Socrate, impatient de partager une rumeur concernant un de ses amis. Avant que l'homme ne puisse répandre son récit, Socrate l'interrompit avec douceur, mais avec sérieux. "Mon ami, as-tu passé ton histoire à travers les trois tamis avant de venir me la conter ?" demanda-t-il.

L'homme, confus, s'enquit de la signification de ces tamis. Socrate, arborant un sourire éclairant son visage, se lança dans une explication métaphorique. "Le premier est le tamis de la Vérité. As-tu vérifié l'authenticité de ce que tu es sur le point de me dire ?" L'homme dut admettre que la véracité de son récit n'était pas confirmée.

Sans perdre son calme, Socrate passa au deuxième tamis, celui de la Bonté. "Ton histoire est-elle teintée de bienveillance, peut-elle apporter du positif ?" Là encore, l'homme fut obligé de reconnaître que son histoire avait un goût amer, susceptible de blesser plutôt que d'aider.

Enfin, Socrate aborda le dernier filtre, celui de l'Utilité. "Cette information est-elle utile, nécessaire à notre bien-être ou à notre

connaissance ?" Une fois de plus, l'homme dut admettre que son récit n'avait aucune utilité tangible.

Socrate conclut avec sagesse : "Si ce que tu souhaites partager n'est ni vrai, ni bon, ni utile, alors il serait préférable de garder le silence. Les mots ont le pouvoir de construire ou de détruire, et il est de notre devoir de les choisir avec soin." Ainsi, l'homme partit, méditant sur cette leçon inestimable, tandis que Socrate, une fois de plus, avait semé les graines d'une communication réfléchie et positive.

La morale de cette histoire réside dans l'importance cruciale de filtrer nos paroles à travers les trois tamis de la vérité, de la bonté et de l'utilité avant de les partager. La sagesse de Socrate enseigne que la communication bienveillante et réfléchie est essentielle pour maintenir des relations saines et une société harmonieuse. Cette histoire nous

rappelle que les mots ont un pouvoir immense et que leur usage imprudent peut causer des dommages irréparables. En vérifiant si ce que nous disons est vrai, s'il apporte quelque chose de bon, et s'il est réellement utile, nous pouvons éviter les médisances, les malentendus, et les conflits inutiles. Ce principe de communication, illustré par les trois tamis de Socrate, est une clé pour une interaction humaine respectueuse et constructive, encourageant chacun de nous à réfléchir profondément avant de parler et à privilégier des paroles qui construisent plutôt que celles qui détruisent.

"LES LEÇONS D'IVAN, LE MAITRE D'ÉCOLE"

Dans une paisible bourgade russe, vivait un vénérable maître d'école nommé Ivan. Malgré les ravages du temps qui avaient voilé ses yeux et affaibli sa santé, sa passion pour l'enseignement demeurait inextinguible. Chaque jour, il partageait son savoir avec une ferveur qui défiait sa fragilité physique.

Cependant, la quiétude de cette routine fut perturbée un jour par un groupe de parents préoccupés par l'avenir de l'éducation de leurs enfants. La santé déclinante d'Ivan et les rumeurs d'un jeune prodige enseignant dans la ville voisine semèrent le doute dans leurs esprits : était-il temps pour Ivan de céder sa place ?

Lorsque Ivan apprit leurs tourments, il les convia chez lui, dans l'antre de sa sagesse. Face à ces âmes inquiètes, il déploya une vieille carte du monde aux couleurs fanées et aux bords effilochés. "Pourriez-vous restaurer cette carte, la rendre neuve ?" demanda-t-il. Perplexes, ils confessèrent l'impossibilité de la tâche.

Avec un sourire teinté de sagesse, Ivan leur révéla la véritable essence de sa question. "Cette carte, bien que vieille et usée, est imprégnée de savoir et d'histoires. Pouvez-vous vraiment remplacer cela ?" Les parents, frappés par la profondeur de ses paroles, comprirent que la valeur d'Ivan ne résidait pas dans sa vigueur physique, mais dans l'océan de sagesse qu'il avait accumulé au fil des ans.

Ivan, avec une humilité mêlée de fierté, leur expliqua que, tout comme la carte, il pouvait encore offrir un trésor de connaissances et d'expériences irremplaçables à leurs enfants. Le talent brut du jeune enseignant, bien que prometteur, ne pouvait rivaliser avec la richesse des années d'expérience d'Ivan.

Les parents, émus et éclairés par la perspicacité d'Ivan, renouvelèrent leur confiance en lui. Ils réalisèrent que les leçons tirées de la vie d'un enseignant dévoué étaient inestimables. Ivan, soutenu par leur confiance, continua à enseigner jusqu'à ses derniers jours, semant les graines de la sagesse dans l'esprit de générations d'élèves, laissant un héritage éternel de connaissances et d'humanité.

La morale de cette histoire réside dans la reconnaissance de la valeur inestimable de l'expérience et de la sagesse accumulées au fil du temps, en particulier dans le domaine de l'enseignement. L'histoire d'Ivan, le maître d'école, illustre comment son expérience et ses connaissances profondes, acquises au fil des années, sont irremplaçables et ne peuvent être égalées même par les talents les plus prometteurs. Cela nous enseigne qu'au-delà de la nouveauté et de la jeunesse, il existe une richesse intangible dans les leçons tirées de la vie et des expériences vécues. Le respect et la valorisation des aînés, en particulier dans des rôles tels que l'enseignement, sont essentiels car ils apportent une perspective, une compréhension et une profondeur qui ne peuvent être acquises que par le temps. Cette histoire souligne l'importance de chérir et de soutenir ces trésors de sagesse, reconnaissant que, tout comme une carte ancienne, la valeur d'un enseignant expérimenté réside dans les récits, les leçons et les connaissances qu'il partage, et non seulement dans sa vigueur physique ou sa modernité.

"LEÇON SUR LE DOS D'UN ÂNE : TROUVER SON PROPRE CHEMIN"

Au cœur d'un paisible village, un jeune garçon, assoiffé de comprendre le secret du bonheur, se tourna vers son père en quête de sagesse. Le père, désireux de lui enseigner une vérité profonde, imagina une expérience simple mais riche en enseignement, faisant appel à leur fidèle âne.

Leur première sortie à trois se révéla un tableau de contrastes : le père confortablement installé sur l'âne, tandis que son fils suivait à pied. Les murmures désapprobateurs des villageois ne tardèrent pas : "Quel cruel père, laissant son enfant marcher à pied !" Le cœur du père se fit lourd, et il médita sur cette réaction.

Le lendemain, ils inversèrent les rôles, avec le fils prenant place sur l'âne et le père marchant à ses côtés. Mais les critiques ne se firent pas attendre : "Quel manque de respect de ce jeune envers son père fatigué !" Cette fois, la leçon commença à s'insinuer dans l'esprit du père.

Déterminés, le jour suivant, ils décidèrent de monter tous deux sur l'âne, cherchant un équilibre dans leur choix. Malheureusement, les regards désapprobateurs et les mots critiques persistèrent : "Quelle insensibilité envers cet animal !" À chaque tentative, les jugements fusaient.

Enfin, en dernier recours, ils optèrent pour la marche côte à côte, laissant l'âne les suivre librement, sans fardeau à porter. Mais même cette image harmonieuse ne put échapper aux moqueries : "Quelle absurdité, ne savent-ils pas comment utiliser leur âne ?"

De retour chez eux, le père partagea avec son fils une sagesse intemporelle. "Peu importe nos choix, les critiques seront toujours présentes. Le véritable bonheur réside dans la liberté de vivre selon nos désirs et convictions, sans être influencés par les jugements extérieurs."

Cette expérience se révéla une révélation

pour le jeune garçon. Il comprit que le bonheur authentique ne réside pas dans l'approbation des autres, mais dans la fidélité à ses propres valeurs et désirs. Une leçon simple, illustrée par un âne et des critiques, mais gravée à jamais dans son cœur.

La morale de cette histoire est que la quête du bonheur et de la satisfaction personnelle ne doit pas être dictée par les opinions ou les jugements des autres. L'expérience du père et de son fils avec leur âne démontre que peu importe la façon dont on choisit de vivre, il y aura toujours des critiques et des désaccords. Cette histoire nous enseigne l'importance de trouver notre propre chemin et de prendre des décisions basées sur nos valeurs et nos convictions, plutôt que de chercher à plaire ou à répondre aux attentes des autres. Elle souligne que le bonheur véritable vient de l'intérieur et qu'il est atteint en restant fidèle à soi-même, malgré les opinions divergentes qui nous entourent. En fin de compte, cette leçon met en lumière la nécessité d'embrasser notre individualité et d'avoir le courage de vivre notre vie selon nos propres termes, une sagesse simple mais puissante illustrée par le voyage du père, du fils et de l'âne.

"LE MOINE ET LE CORDONNIER" :

Dans un petit village de la Russie rurale, vivait un cordonnier du nom d'Ivan. Ivan était un homme simple qui consacrait son temps et son énergie à son métier avec une grande diligence. Bien qu'il fût réputé pour être un excellent cordonnier, son esprit était souvent en proie à des questions profondes sur la vie et le sens de son existence.

Un jour, un moine du monastère voisin, frère Alexis, eut vent des doutes et des interrogations qui tourmentaient Ivan. Il décida de lui rendre visite pour lui apporter sa sagesse.

Ivan accueillit chaleureusement le moine et lui fit part de ses préoccupations. Il lui demanda conseil sur la manière de trouver la paix intérieure et le sens de la vie. Frère Alexis écouta attentivement puis déclara : "Je vais vous confier une tâche qui vous aidera à trouver des réponses à vos questions."

Le moine demanda à Ivan de confectionner une petite croix en bois et de la porter en permanence avec lui. Il lui dit de la garder dans sa poche et de la toucher chaque fois qu'il se sentirait perdu ou tourmenté par des pensées confuses. Ivan suivit les conseils du moine avec diligence.

Au fil des mois et des années, Ivan continua son travail de cordonnier tout en portant la petite croix en bois sur lui. À chaque fois qu'il se sentait perdu ou envahi par des questionnements sur la vie, il touchait la croix et se remémorait les paroles du moine.

Finalement, Ivan réalisa que la paix intérieure ne découlait pas de réponses intellectuelles complexes, mais plutôt de la simplicité et de la foi. Il avait trouvé la paix en acceptant la vie telle qu'elle était, en se consacrant à son métier de cordonnier, et en plaçant sa foi en Dieu au centre de son existence.

Un jour, le moine revint au village pour rendre visite à Ivan. Ce dernier lui raconta comment la petite croix en bois et les paroles de frère Alexis l'avaient aidé à trouver la paix intérieure et le sens de la vie. Le moine sourit et dit : "Mon ami, vous avez compris la plus grande leçon qui soit : la foi et la simplicité sont souvent les clés de la paix intérieure."

La morale de cette histoire est que la paix intérieure et le sens de la vie se trouvent souvent dans la simplicité et la foi, plutôt que dans des réponses complexes ou intellectuelles. L'histoire d'Ivan le cordonnier et de frère Alexis le moine illustre comment un acte simple, tel que porter une petite croix en bois, peut servir de rappel constant pour recentrer notre esprit sur ce qui est essentiel dans la vie. Elle nous enseigne que parfois, les réponses aux questions les plus profondes de la vie se trouvent dans la tranquillité de l'esprit, l'acceptation de notre quotidien, et la foi en quelque chose de plus grand que nous-mêmes. Ivan découvre que sa paix intérieure réside dans sa capacité à embrasser la simplicité de sa vie et de sa foi, plutôt que de chercher des réponses dans un tourbillon de pensées et de doutes. Cette histoire souligne l'importance de trouver un ancrage dans nos vies, que ce soit à travers la foi, la simplicité, ou la concentration sur notre travail et nos passions. Elle nous rappelle que parfois, les clés de la sérénité et du sens de la vie résident dans les aspects les plus fondamentaux de notre existence.

LE JARDIN SECRET DU POT FISSURE

Il était une fois, dans un paisible hameau niché parmi d'onduleuses collines émeraude, un porteur d'eau et ses deux pots. Parmi eux, un pot était marqué d'une fissure subtile, un léger défaut qui le rendait unique.

Chaque aurore, le porteur d'eau s'en allait puiser l'essence de la rivière. Mais la fissure du pot laissait échapper l'eau, ne conservant jamais sa pleine capacité. Ce pot, chagriné par sa faille, s'excusa un jour auprès de son maître. Cependant, l'homme, avec une sagesse douce, lui révéla une vérité cachée : le long du sentier, là où ils passaient, fleurissaient des floraisons magnifiques, toutes nourries par l'eau s'échappant du pot fissuré.

Le pot, émerveillé, comprit alors que sa faille n'était pas un défaut, mais une bénédiction déguisée, une source de vie pour ces fleurs. Il cessa de se

morfondre sur sa perfection échappée et se réjouit de sa contribution unique au monde.

Ainsi, chaque retour au village était une célébration, non seulement de l'eau recueillie, mais aussi des fleurs qui ornaient leur chemin. Ce pot, jadis source de tristesse, devenait un symbole de beauté et de vie.

L'histoire du "Jardin Secret du Pot Fissuré" véhicule une morale profonde : nos imperfections sont souvent les canaux de nos plus grandes contributions. La fissure du pot, perçue comme une faiblesse, s'est révélée être une force, enrichissant la vie autour de lui. Cette fable rappelle que chaque être, dans son unicité et ses imperfections, porte en lui une beauté singulière et un rôle irremplaçable dans le tissu de la vie. C'est en embrassant nos propres fissures que nous découvrons notre capacité à nourrir et embellir le monde qui nous entoure.

LA SAGESSE DU PECHEUR ET
L'IRONIE DU SUCCES

Dans un coin paradisiaque bordant une plage ensoleillée, vivait un pêcheur mexicain, épris de la simplicité de sa vie quotidienne. Un jour, un homme d'affaires américain, les yeux rivés sur des visions de grandeur et de richesse, s'approcha du pêcheur pour questionner ses ambitions.

Le pêcheur, avec un sourire paisible, expliqua qu'il avait capturé assez de poissons pour la journée et qu'il préférait maintenant savourer l'instant, se détendre, et goûter aux joies simples de l'existence.

Intrigué, l'homme d'affaires lui proposa un plan pour accroître sa pêche, développer son entreprise, et amasser une fortune. À chaque suggestion, le pêcheur demandait, avec une curiosité enfantine, "Et après ?". L'homme d'affaires décrivait alors un futur lointain où, enfin riche, le pêcheur pourrait se retirer pour profiter de la vie et se reposer sur la plage.

Avec un sourire empreint de sagesse, le pêcheur fit remarquer qu'il vivait déjà cette vie tant désirée par l'homme d'affaires. Il continua sa pêche, immergé dans la beauté de l'instant présent, embrassant chaque jour comme un trésor.

Cette histoire, intitulée "La Sagesse du Pêcheur et l'Ironie du Succès", nous enseigne une morale précieuse : le bonheur réside dans la simplicité et la satisfaction de ce que nous possédons déjà. Elle souligne l'ironie de la quête effrénée de la richesse matérielle et du succès, souvent au prix du véritable bonheur. Le pêcheur, content de sa vie modeste, incarne la sagesse de chérir le moment présent et de reconnaître que la joie et la sérénité se trouvent souvent dans une existence dénuée de complications. Cette fable nous rappelle l'importance de ne pas constamment aspirer à davantage, mais de trouver de la joie et du contentement dans nos réalités actuelles.

LE CORBEAU ET LA LEÇON DE LA BEAUTE

Au cœur d'une forêt foisonnante, vivait un corbeau, serein et satisfait de son existence. Cependant, sa quiétude fut troublée lorsqu'il croisa un cygne d'une splendeur éblouissante, ce qui éveilla en lui un sentiment d'infériorité.

Confiant ses doutes au cygne, le corbeau découvrit que ce dernier, malgré sa grâce, avait lui aussi éprouvé de la jalousie envers d'autres

oiseaux. Ensemble, ils rendirent visite à une perruche, dont les couleurs chatoyantes cachaient une envie des plumes majestueuses du paon. Poussés par leur quête de compréhension, ils visitèrent un zoo pour y admirer un paon, mais furent surpris d'entendre ce dernier exprimer son désir d'être un simple corbeau, libre de toute cage.

Ce moment fut un tournant pour le corbeau, qui prit conscience que la beauté et les apparences n'étaient pas le summum de l'existence. Il apprit à s'accepter tel qu'il était, reconnaissant sa liberté de voler et la

singularité de ses plumes noires. Il comprit que chaque oiseau, avec ses traits distinctifs, avait sa propre valeur.

La morale de "Le Corbeau et la Leçon de la Beauté" est un enseignement précieux sur l'importance de l'acceptation de soi et la reconnaissance des dons personnels. Elle rappelle que la beauté extérieure ne doit pas éclipser l'appréciation de nos qualités intrinsèques. La comparaison et la jalousie obscurcissent la perception de notre unicité et de notre valeur. Cette histoire invite à embrasser son individualité, à valoriser sa liberté et à trouver le bonheur dans l'acceptation de soi et dans la reconnaissance de nos propres atouts et particularités.

LUCIA ET LA FORCE DES MOTS SAGES

Dans le cœur vibrant d'une ville mexicaine, Lucia, une jeune fille aux aspirations héroïques, rêvait de devenir un symbole de courage et de justice. Sa rencontre avec sa grand-mère, une chaman sage et éclairée, lui révéla que la véritable force d'une super-héroïne se trouvait dans la maîtrise de ses mots, semblables à une épée à double tranchant.

Lucia apprit la valeur de parler avec vérité et bienveillance, comprenant que les mots pouvaient guérir ou blesser, et qu'il était parfois nécessaire de les retenir pour éviter de faire du mal.

Sa grand-mère lui enseigna ensuite à forger un bouclier mental, une défense contre les mots toxiques des autres, lui permettant de garder le contrôle de ses émotions et de rester inébranlable face à la négativité.

Lucia fut également initiée à la quête incessante de la vérité, apprenant à voir au-delà des apparences et des suppositions. Cette quête exigeait de la curiosité et de l'ouverture d'esprit, la poussant à dépasser ses préjugés.

Enfin, l'importance de toujours faire de son mieux fut soulignée. Lucia comprit qu'en donnant le meilleur d'elle-même en toutes circonstances, elle pouvait agir sans regret, consciente d'avoir tout donné.

Grâce à ces quatre accords de sagesse toltèque, Lucia s'éleva au statut de super-héroïne, gagnant respect et admiration. Elle devint une défenseure de la justice, utilisant ses nouvelles compétences pour le bien commun, devenant ainsi un modèle de sagesse et de force intérieure.

La morale de "Lucia et la Force des Mots Sages" est un rappel puissant que la vraie force réside dans la maîtrise des mots, la bienveillance, la protection de l'esprit contre la négativité et la poursuite de la vérité. En adhérant aux quatre accords toltèques, Lucia a pu se transcender en super-héroïne et incarner la sagesse et la force intérieure. Ces enseignements nous montrent que nous pouvons réaliser de grandes choses en utilisant nos mots avec soin, en protégeant notre esprit, en restant ouverts à la vérité et en donnant toujours le meilleur de nous-mêmes. Ils nous encouragent à devenir des héros dans nos propres vies.

ANDREÏ ET LA RICHESSE DU CŒUR

Dans un petit village russe, enveloppé de la simplicité et de la nature, vivait Andreï, un fermier connu pour sa bonté et son humilité. Bien que ses moyens fussent modestes, sa porte était toujours ouverte pour ceux dans le besoin.

Un soir, un étranger épuisé et affamé frappa à sa porte. Avec une générosité inébranlable, Andreï lui offrit une soupe chaude et un toit pour la nuit, illustrant la chaleur de son cœur. Cette nuit-là, l'homme,

hébergé dans la grange, découvrit une vieille malle remplie de vêtements, de couvertures et de nourriture, tous destinés à aider autrui.

Intrigué, l'étranger questionna Andreï sur cette malle. Le fermier, avec une sagesse tranquille, partagea sa conviction : aider son prochain est un devoir humain, peu importe l'ampleur de ses propres richesses. "Chaque geste, même le plus petit, a le pouvoir de transformer une vie," disait-il.

Des années plus tard, l'étranger, désormais prospère, revint voir Andreï. Inspiré par la générosité du fermier, il avait lui-même aidé de nombreuses personnes. Reconnaissant, il exprima sa gratitude, considérant Andreï comme sa muse de bienveillance et de partage.

La morale de "Andreï et la Richesse du Cœur" est un vibrant rappel de la puissance de la générosité et de l'entraide. Elle démontre que la richesse véritable ne réside pas dans l'accumulation de biens matériels, mais dans la capacité à partager et à aider autrui. Andreï, par son exemple, enseigne que chacun possède le pouvoir de rendre le monde meilleur, en offrant ce qu'il a, si modeste soit-il. Cette histoire illustre l'importance de la compassion et du don, et montre comment un simple acte de gentillesse peut inspirer et initier un cercle vertueux de générosité, touchant la vie de nombreux individus et enrichissant la communauté tout entière.

"YURI ET LE VASE D'OR : UN CONTE DE KINTSUGI"

Au bord d'un village côtier pittoresque, vivait Yuri, un jeune garçon au cœur empli de rêves et d'émerveillement. Yuri avait une passion : il chérissait les trésors offerts par la mer, collectant coquillages, pierres polies et fragments de verre, semblables à des bijoux échoués.

Un jour, au détour d'une de ses aventures, Yuri découvrit les morceaux éparpillés d'un vieux vase. Plutôt que de se lamenter sur sa

destruction, Yuri y vit une opportunité cachée. Peu de temps après, il fit la découverte du kintsugi, un art japonais vénérable qui magnifie les fêlures des céramiques brisées par des lignes d'or ou d'argent, célébrant ainsi leurs imperfections.

Avec une détermination douce, Yuri se lança dans la restauration du vase. Il opta pour de l'or pour relier les fragments, traçant des lignes dorées qui dansaient sur la surface du vase. Lorsque son travail fut achevé, le vase se mit à briller d'une splendeur renouvelée, ses cicatrices dorées racontant une histoire de résilience et de transformation.

Devant cette création, Yuri comprit la signification profonde du kintsugi : ce n'était pas qu'une méthode de réparation, mais un hymne à la beauté des imperfections, un chant à la force qui naît de l'adversité.

La morale de "Yuri et le Vase d'Or : Un Conte de Kintsugi" est un enseignement précieux sur la valeur de nos cicatrices et imperfections. Comme le kintsugi transforme un objet brisé en une œuvre d'art unique et précieuse, nos épreuves et défis peuvent nous rendre plus forts, plus résilients et plus beaux. Ce conte nous invite à embrasser nos imperfections, à les célébrer comme des témoins de notre parcours

unique, et à reconnaître qu'en surmontant les difficultés, nous pouvons
révéler une beauté et une force insoupçonnées en nous.

les chérir et les considérer comme une partie de notre histoire, une
source de force et de beauté intérieure.

"PAVEL ET LA RESONANCE DES SCULPTURES"

Dans un village russe baigné de traditions et de beauté, se tenait l'atelier de Pavel, un sculpteur dont le talent transcendait les frontières. Ses sculptures, véritables hymnes à la vie, étaient acclamées pour leur capacité à capturer l'essence même de l'existence.

Un jour, un jeune villageois nommé Alexei, porteur de rêves mais dénué de moyens, frappa à la porte de Pavel. Animé d'une passion

ardente pour l'art de la sculpture, il implora Pavel de le guider. Ému par l'enthousiasme d'Alexei, Pavel accueillit le jeune homme dans son monde d'art et de créativité.

Sous la tutelle de Pavel, Alexei apprit les nuances et les subtilités de la sculpture, mais le plus précieux enseignement de Pavel fut celui de l'âme de l'art : l'importance d'insuffler la vie à chaque création.

Des années plus tard, Alexei, devenu un maître sculpteur, donnait naissance à des œuvres rayonnant d'une âme et d'une profondeur

émotionnelle, chaque sculpture racontant sa propre histoire, vibrante d'émotions.

Lorsque la maladie eut raison de Pavel, Alexei se tenait à son chevet. Dans ses derniers mots, Pavel rappela à Alexei le cœur de leur art : la capacité de toucher les âmes et d'éveiller les sentiments les plus profonds.

Après le départ de Pavel, son héritage perdura dans les sculptures d'Alexei. Chaque création d'Alexei était un pont entre l'art et le spectateur, un dialogue silencieux mais puissant avec l'âme.

Alexei réalisa alors que l'art n'est pas qu'une expression visuelle ; il est un écho de l'âme, une invitation au ressenti. Il poursuivit sa quête artistique, créant des œuvres qui éveillaient la joie, l'inspiration et la réflexion.

La morale de "Pavel et la Résonance des Sculptures" est un hommage à la puissance de l'art en tant que langage de l'âme. Cette histoire nous enseigne que l'art véritable va au-delà de la création de formes ; il s'agit de donner vie et voix à nos œuvres, permettant ainsi un dialogue intime avec le cœur et l'esprit des spectateurs. Elle nous rappelle l'importance de la transmission des savoirs et des héritages artistiques, assurant que l'art continue d'enrichir et de toucher les générations futures, résonnant éternellement dans les profondeurs de l'âme humaine.

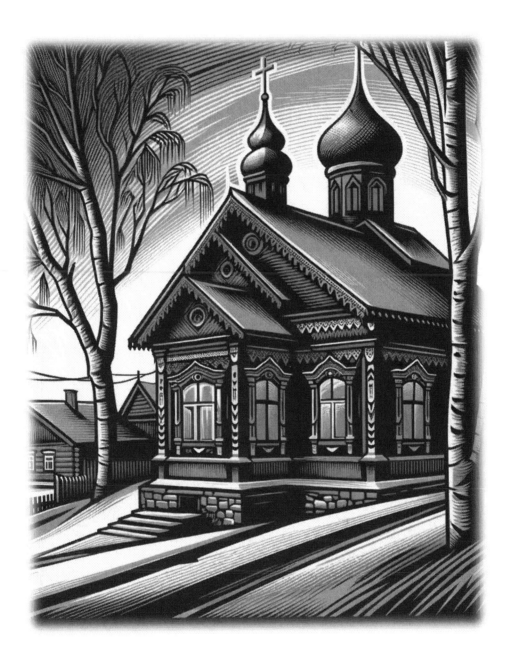

"LE SAGE ET LE POUCE MANQUANT"

Au cœur d'un village africain, se tenait un roi, ami inséparable d'un homme doté d'une incroyable capacité à voir le bon côté de chaque situation. "Tout va toujours pour le mieux," proclamait-il, apportant une lueur d'espoir dans le quotidien mélancolique du royaume.

Un jour tragique, lors d'une chasse, le roi perdit son pouce dans un accident. Devant sa douleur et sa colère, l'ami répéta sa maxime habituelle, provoquant l'ire du roi au point de le faire jeter en prison.

L'année suivante, une situation dramatique survint : le roi fut capturé par des cannibales. Alors qu'il se préparait au pire, une tournure surprenante sauva sa vie : son pouce manquant était considéré comme un mauvais présage par ses ravisseurs. Relâché, le roi, en chemin vers son royaume, médita sur les paroles de son ami.

Rongé par la culpabilité, le roi alla libérer son ami, lui avouant que la perte de son pouce lui avait miraculeusement sauvé la vie. L'ami, toujours aussi serein, sourit et révéla qu'en étant emprisonné, il avait échappé au funeste destin du sacrifice.

Le roi comprit alors l'inestimable sagesse de son ami. Ce qui semble être un malheur peut en fait être un bien déguisé. L'optimisme de son ami n'était pas de la naïveté, mais une précieuse philosophie de vie : dans chaque adversité se dissimule une opportunité cachée, dans chaque malheur, un bien inattendu.

La morale de "Le Sage et le Pouce Manquant" est un vibrant rappel que même dans les situations les plus sombres, il est possible de trouver

un rayon de lumière. La perspective positive de l'ami du roi, avec sa croyance inébranlable que "Tout va toujours pour le mieux", est une leçon puissante sur l'impact de notre perception. En adoptant une attitude optimiste et en cherchant le bon côté dans les moments difficiles, nous pouvons non seulement surmonter les épreuves, mais aussi découvrir des opportunités insoupçonnées. Ce conte nous enseigne que notre vision des événements peut transformer notre expérience de vie, et que voir le monde à travers les lunettes de l'optimisme peut grandement influencer notre bien-être et notre capacité à rebondir face aux défis.

"LE PONT DE L'ENTENTE"

Dans un petit village niché dans le calme de la campagne, deux familles, les Petrov et les Ivanov, vivaient côte à côte, séparées non seulement par une rivière, mais aussi par une rivalité ancestrale dont l'origine s'était perdue dans les méandres du temps. Les disputes et la méfiance étaient le lot quotidien de ces voisins.

Andrei, le jeune fils des Petrov, nourri d'un espoir de paix, conçut l'idée audacieuse de bâtir un pont sur la rivière, espérant relier non seulement les terres, mais aussi les cœurs des deux familles. Sa famille

et les Ivanov accueillirent le projet avec scepticisme, doutant de son utilité et de la sincérité des intentions de l'autre.

Cependant, Andrei, armé de persévérance et d'optimisme, entreprit la construction du pont. Jour après jour, ses efforts inlassables attirèrent l'attention des Ivanov, qui observaient de loin, mêlant curiosité et surprise.

Lorsque le pont fut achevé, Andrei fit le premier pas symbolique, traversant le nouveau lien pour rencontrer les Ivanov. Avec courage et sincérité, il leur tendit la main, proposant une trêve et une collaboration pour le bien-être de leurs familles et du village tout entier. Les Ivanov, touchés par cette démarche et épuisés par les conflits, acceptèrent cette offre de paix.

Le pont devint alors bien plus qu'une simple construction ; il symbolisa une nouvelle ère de coopération et d'amitié entre les Petrov et les Ivanov. En travaillant ensemble, ils découvrirent des intérêts partagés et des synergies inattendues. La méfiance fit place à une confiance mutuelle, et les querelles d'antan se transformèrent en une alliance fructueuse.

Le village tout entier fut témoins de cette métamorphose et prospéra grâce à l'harmonie retrouvée entre les deux familles. Andrei, à l'origine de ce geste de réconciliation, devint un symbole de paix et d'unité.

"Le Pont de l'Entente", une histoire d'inspiration tolstoïenne, célèbre le pouvoir de la réconciliation et de la coopération pour résoudre les conflits. Elle nous enseigne qu'un geste de bravoure et

d'empathie peut transformer une hostilité de longue date en une amitié solide, ouvrant la voie à un avenir meilleur pour tous.

La morale de ce conte est claire : la réconciliation, la confiance et la coopération sont cruciales pour surmonter les dissensions et bâtir un avenir meilleur. Ce récit nous rappelle que, face aux querelles prolongées, un acte de courage peut briser les barrières de la méfiance et ouvrir la voie à des relations positives et constructives. Il souligne la valeur de la compréhension mutuelle, de la tolérance et de la volonté de travailler ensemble pour le bien commun.

"L'ÂNE ET LE PUITS DE LA PERSEVERANCE"

Au cœur d'une ferme paisible, un fermier travaillait avec son fidèle âne, un compagnon de longue date mais dont l'âge avait commencé à peser. Un jour, alors que l'âne explorait les alentours, il tomba dans un vieux puits abandonné. Ses cris alarmèrent le fermier, mais malgré tous ses efforts, il ne parvint pas à le sauver : l'âne était trop lourd, la corde trop courte.

Dans sa détresse, le fermier appela ses voisins à l'aide. Ensemble, ils tentèrent de le sauver avec une échelle, sans succès. Face à cette impasse, le fermier dut se résoudre à une décision difficile : le puits était

dangereux, et l'âne trop vieux pour être secouru. Le cœur lourd, il choisit d'enterrer l'âne dans le puits pour mettre fin à ses souffrances.

Les voisins se mirent à l'ouvrage, jetant pelletées de terre après pelletées. Mais alors que la terre tombait sur lui, l'âne, au lieu de succomber à la panique, se mit à agir de manière surprenante. Avec chaque pelletée, il se secouait pour enlever la terre de son dos, puis montait sur la terre qui s'accumulait sous lui.

Peu à peu, et à la stupéfaction de tous, l'âne s'éleva dans le puits à mesure que la terre s'entassait. Finalement, il parvint à atteindre le haut du puits et s'échappa, laissant le fermier et les voisins ébahis par sa ténacité.

"L'Âne et le Puits de la Persévérance" est un conte symbolique de la force de l'esprit et de la capacité à transformer les épreuves en opportunités. Cette histoire enseigne que la persévérance et l'ingéniosité peuvent nous aider à surmonter des situations qui semblent désespérées. L'âne, confronté à une situation périlleuse, a su utiliser chaque défi comme un marchepied pour s'élever.

Ce récit nous rappelle qu'en face des difficultés, abandonner n'est pas la seule option. Chercher des solutions créatives et s'accrocher à l'espoir peut nous conduire à des issues inattendues. Il souligne également l'importance du soutien mutuel et de la solidarité dans les moments difficiles. En définitive, "L'Âne et le Puits de la Persévérance" est un hommage à la capacité de l'esprit à trouver des chemins vers la lumière, même dans les moments les plus sombres.

"MIKHAIL ET LE POIDS DES PENSEES"

Dans les vastes étendues de la campagne russe, Mikhail, un fermier au cœur lourd, travaillait sa terre. Le poids des soucis mondains pesait sur ses épaules, lui volant sa joie et sa vigueur. La tristesse et l'épuisement étaient ses fidèles compagnons, éclipsant les plaisirs simples de son existence.

Lors d'une promenade contemplative, Mikhail fit la rencontre d'un vieux sage, dont la tranquillité semblait défier les tumultes de la vie. Poussé par un élan de confiance, Mikhail partagea avec le sage son fardeau intérieur. Le sage, avec un sourire empli de compréhension, invita Mikhail à se joindre à lui sous l'arbre et lui proposa un exercice

de visualisation : un sac rempli de pierres lourdes, chaque pierre symbolisant une préoccupation de Mikhail.

Avec patience et douceur, le sage guida Mikhail à travers un processus de lâcher-prise. Il l'encouragea à retirer une à une les pierres imaginaires, se libérant ainsi progressivement de ses fardeaux. Au fil de l'exercice, Mikhail ressentit une légèreté inattendue envahir son être.

Une fois le sac vidé, le sage partagea avec Mikhail une sagesse ancestrale : le monde n'est pas destiné à reposer sur les épaules d'un seul homme. Il lui enseigna l'importance de discerner les charges qu'il pouvait porter et celles qu'il devait laisser derrière lui, se concentrant uniquement sur l'essentiel.

Revigoré par cette rencontre, Mikhail reprit son chemin, le cœur allégé et l'esprit transformé. Il adopta une nouvelle façon de voir la vie, s'éloignant des soucis inutiles pour se focaliser sur ce qui était véritablement important. Il apprit à vivre avec plus de sérénité, se libérant des entraves du stress et de l'anxiété.

"L'histoire de Mikhail et le Poids des Pensées" met en lumière la puissance de la gestion émotionnelle et la nécessité de distinguer ce qui relève de notre contrôle. Elle nous enseigne que la paix intérieure commence par le lâcher-prise et la concentration sur ce qui enrichit véritablement notre existence.

La morale de cette histoire réside dans notre capacité à choisir nos fardeaux. Souvent, nous nous encombrons inutilement de soucis et de préoccupations, comme si le destin du monde dépendait de nous.

Cependant, il est crucial de reconnaître que nous avons le pouvoir de déterminer ce que nous portons et ce que nous abandonnons. Par la méditation, la réflexion et le lâcher-prise, nous pouvons identifier nos véritables priorités et alléger notre charge, menant ainsi une vie plus paisible et épanouissante. Cette histoire nous rappelle également l'importance de chercher sagesse et conseils auprès d'autrui, afin de trouver des voies pour alléger notre fardeau émotionnel et marcher plus léger sur le chemin de la vie.

"LE VELO ET LES CINQ CHEMINS DE LA SAGESSE"

Dans un paisible village zen, un sage enseignant interrogea ses élèves sur la raison pour laquelle ils faisaient du vélo. Chacun d'eux offrit une réponse, révélant leur compréhension unique de la vie.

Le premier élève, pragmatique, expliqua qu'il utilisait le vélo pour transporter un sac de pommes de terre, soulageant ainsi son dos.

L'enseignant loua sa sagesse pratique : "Tu es intelligent, et tu préserves ta santé pour l'avenir."

Le deuxième élève, un amoureux de la nature, partagea son plaisir de voir les arbres et les champs défiler sur son chemin. "Tes yeux sont ouverts, tu embrasses la beauté du monde," félicita l'enseignant.

Le troisième, joyeux et insouciant, avoua qu'il aimait chanter en pédalant. "Tu trouveras toujours du bonheur en toi," déclara l'enseignant, impressionné par sa joie de vivre.

Le quatrième élève exprima son sentiment de vivre en harmonie avec tous les êtres en faisant du vélo. "Tu suis le chemin de l'harmonie," affirma l'enseignant, reconnaissant sa profonde connexion avec le monde.

Enfin, le cinquième élève, dans sa simplicité, répondit : "Quand je fais du vélo, je fais du vélo." Ces mots résonnèrent profondément chez l'enseignant, qui, admiratif de cette pleine présence, choisit de s'asseoir à ses pieds, déclarant : "Je souhaite apprendre de toi."

Chaque élève avait sa propre voie, mais le cinquième, par sa réponse, démontra la pleine conscience, le fait d'être entièrement immergé dans l'acte présent sans distraction.

La morale de "Le Vélo et les Cinq Chemins de la Sagesse" réside dans la diversité des expériences et des perceptions de la vie. Chaque élève, avec sa réponse, illustre une voie différente de comprendre et de vivre l'existence. Le cinquième élève, par sa réponse simple et puissante, enseigne l'importance d'être pleinement présent dans chaque moment, une leçon de pleine conscience qui transcende les distractions et les préoccupations superficielles. Cette histoire nous rappelle que, quel que soit notre chemin, l'essentiel est de le parcourir avec conscience, ouverture et authenticité.

"LE BERGER IVAN ET LA REVELATION DU ROI DIMITRI"

Dans un royaume lointain, Ivan, un vieux berger, vivait en harmonie avec les montagnes, gardant son troupeau. Il avait acquis, au fil des années, une sagesse profonde et une paix intérieure, enseignées par la nature elle-même.

Un jour, le jeune roi Dimitri, en quête d'aventure dans les montagnes, rencontra Ivan. Émerveillé par la sérénité du berger, le roi s'arrêta pour converser avec lui. Ivan lui révéla que la vraie sagesse ne se trouve pas dans les richesses matérielles, mais dans l'observation de la nature et la compréhension de notre rôle dans l'univers.

Intrigué, Dimitri décida de séjourner avec Ivan pour apprendre de lui. Le berger lui enseigna les leçons des montagnes : la constance des pics, l'instinct pur

des moutons, et la valeur du silence. Ces enseignements éveillèrent en Dimitri un nouveau regard sur la vie.

Durant son séjour, Dimitri apprit à écouter la nature, à chérir le moment présent, et à réaliser que la vie ne se limite pas à l'accumulation de pouvoir ou de richesse. Il découvrit que la quête de la paix intérieure et la compréhension de notre connexion avec le monde sont essentielles.

De retour à son royaume, Dimitri apporta les leçons d'Ivan. Ces enseignements transformèrent sa façon de régner, le conduisant à diriger avec compassion et sagesse, valorisant la paix et le bien-être de son peuple.

"L'histoire du Berger Ivan et la Révélation du Roi Dimitri" illustre l'influence profonde de la sagesse et la façon dont elle peut impacter même les plus grands dirigeants. Elle nous rappelle que la richesse véritable réside dans notre lien avec la nature et notre compréhension de notre place dans l'univers.

La morale de ce conte est que la sagesse et la paix intérieure ne se trouvent pas dans la poursuite des richesses ou de la gloire, mais dans la contemplation de la nature, la compréhension de notre rôle dans le monde, et l'appréciation du moment présent. Ivan a enseigné à Dimitri que la véritable richesse se trouve dans la sagesse, la compassion et l'harmonie avec la nature. Cette histoire souligne l'importance de se connecter avec la nature et de méditer sur sa beauté et ses leçons, nous rappelant que la paix intérieure et une compréhension profonde de notre place dans l'univers sont des trésors précieux. Elle nous invite à réévaluer nos valeurs et nos priorités, cherchant la sagesse et la paix intérieure comme des objectifs de vie essentiels.

"LA PARABOLE DE L'ÉLEPHANT ET DES AVEUGLES"

Dans un paisible village, un groupe d'amis aveugles, animés par une curiosité sans bornes, décida d'expérimenter et de comprendre par eux-mêmes ce qu'était un éléphant. Jamais auparavant ils n'avaient rencontré cette créature énigmatique et souhaitaient se forger leur propre opinion.

Lors de leur visite au parc, chacun se mit à explorer une partie différente de l'éléphant. Le premier, en touchant le flanc, le compara à un grand mur. Le deuxième, en palpant la défense, pensa à une lance. Le troisième, en sentant la trompe, l'assimila à un serpent. Le quatrième, touchant la patte, la trouva semblable à un pilier robuste. Le cinquième, en examinant l'oreille, la décrivit comme un grand éventail, et le sixième, en sentant la queue, la compara à une corde.

Chaque ami, persuadé de détenir la vérité sur l'éléphant, entra en conflit avec les autres, arguant que son expérience était la seule valable.

Le débat s'enflamma, chacun refusant de reconnaître la validité des perceptions des autres.

C'est alors qu'un passant, ayant entendu leur débat animé, s'approcha et, après avoir écouté leurs diverses descriptions, leur expliqua avec bienveillance que chacun d'entre eux avait raison, mais seulement en partie. L'éléphant était bien un ensemble de toutes ces caractéristiques, et chaque ami avait perçu une facette de sa réalité.

Cette révélation fut un moment de prise de conscience pour les amis aveugles. Ils comprirent que bien que chacun ait sa propre perception de la réalité, il est essentiel d'écouter et de respecter les perspectives des autres pour obtenir une vue plus complète et nuancée du monde.

La parabole de l'éléphant et des aveugles souligne l'importance de la tolérance, de l'ouverture d'esprit et de l'empathie dans notre interprétation du monde. Elle nous rappelle que la réalité est souvent plus complexe et variée qu'il n'y paraît à première vue, et que la combinaison de nos perspectives diverses peut nous conduire à une compréhension plus profonde et à une harmonie plus grande.

La morale de cette histoire réside dans l'importance de l'écoute, de la communication et de l'ouverture aux expériences des autres. Elle nous enseigne que nul ne détient la vérité absolue et que la réalité, dans toute sa complexité, se révèle à travers un éventail de perspectives. Cette fable nous encourage à rester humbles face à nos propres limites de compréhension et à embrasser les divers points de vue pour enrichir notre vision du monde.

"SERGEI ET LE CHANT DU ROSSIGNOL"

Dans une forêt paisible, Sergei, un charpentier talentueux, vivait une existence humble et travailleuse. Chaque jour, il façonnait le bois, créant des objets utiles pour les villageois. Sa vie, bien que laborieuse, manquait de joie et d'émerveillement.

Un matin, alors que Sergei travaillait, un chant mélodieux captura son attention. C'était le chant d'un rossignol, dont la pureté et la beauté

étaient si saisissantes qu'elles touchèrent le cœur de Sergei. Intrigué, il s'approcha de l'arbre d'où provenait la mélodie et s'assit pour écouter.

Pendant des heures, il fut emporté par la musique de l'oiseau, qui lui enseigna une leçon précieuse : le rossignol chantait sans attendre de récompense ou de reconnaissance, simplement pour exprimer la beauté de l'existence.

Cette prise de conscience éveilla quelque chose en Sergei. Il réalisa qu'il avait été tellement absorbé par son travail qu'il en avait oublié d'apprécier la beauté du monde qui l'entourait. Inspiré par le rossignol, il décida de changer : il allait ralentir, se connecter davantage avec la nature et partager sa créativité librement.

De retour à son atelier, Sergei travailla avec une nouvelle passion. Il apporta créativité et attention aux détails dans chaque pièce, prenant le temps de savourer les plaisirs simples de la vie. Les villageois remarquèrent ce changement ; ses œuvres semblaient plus belles, plus inspirées, apportant joie et beauté à la communauté.

"L'histoire de Sergei et le Chant du Rossignol" souligne la richesse de la simplicité et de l'authenticité. Elle montre que la vraie valeur réside dans l'expression sincère de notre être, et non dans la quête de biens matériels ou de reconnaissance. En se connectant avec les rythmes naturels de la vie, Sergei a trouvé l'harmonie et la paix.

La morale de cette histoire est la valeur de l'appréciation de la beauté simple et de l'équilibre dans la vie. Sergei a appris du rossignol l'importance de prendre du recul, d'écouter les merveilles de la nature

et de partager ses talents sans attendre en retour. Cette leçon l'a conduit à une transformation personnelle, enrichissant sa vie et celle des autres. "Sergei et le Chant du Rossignol" nous invite à réfléchir sur notre propre vie, à trouver un équilibre entre travail et plaisir, et à célébrer les petites beautés qui nous entourent.

"LA PIERRE PRECIEUSE DE TINA"

Au cœur d'une paisible chaumière, la jeune Tina trouvait un réconfort sans égal dans les récits de son grand-père, un vieux sage au doux timbre de voix, ponctué de douces quintes de toux. Un jour, piquée par la curiosité, Tina demanda à son grand-père quelle était la chose la plus précieuse au monde. En réponse, le vieux sage lui confia une pierre étincelante et lui lança un défi : découvrir sa véritable valeur, en veillant à ne jamais la céder.

Tina, avide d'aventure, se lança avec détermination dans cette quête particulière. D'abord, elle présenta la pierre à un marchand de fruits, qui lui offrit en échange douze oranges juteuses. Puis, chez le pâtissier, elle reçut une offre alléchante de sept gâteaux délicieux. Une bijouterie lui fit une offre mirifique de cent pièces d'or. Enfin, un expert en gemmes, ébloui par la beauté de la pierre, ne fit aucune offre, préférant la contempler en silence.

De retour chez son grand-père, Tina partagea avec lui ses péripéties. Avec sagesse, il lui expliqua que la valeur de la vie, tout comme celle de la pierre, ne pouvait être mesurée par les critères conventionnels. Chacun, avec sa propre expérience et sa connaissance, attribue une valeur unique aux choses. Mais, à l'instar de la pierre précieuse, la vraie valeur de la vie demeure souvent insaisissable pour le commun des mortels.

"Tina, tu es semblable à cette pierre précieuse, unique et inestimable", murmura-t-il avec tendresse. "Les gens te percevront toujours à travers le prisme de leurs expériences et de leurs connaissances. N'oublie jamais que tu es irremplaçable et que ta valeur transcende les offres du monde."

Cette histoire nous enseigne l'importance de se reconnaître comme un individu unique et précieux. Elle nous rappelle que notre valeur dépasse largement ce que les autres peuvent percevoir ou comprendre. Tout comme la pierre précieuse de Tina, chacun de nous possède une valeur intrinsèque qui défie les estimations superficielles du monde extérieur.

"La Pierre Précieuse de Tina" est un conte enchanteur qui transmet une leçon essentielle sur la valeur de chaque être en tant qu'individu unique. Le grand-père de Tina utilise la métaphore d'une pierre précieuse pour illustrer le concept selon lequel chaque personne possède une valeur intrinsèque et unique qui échappe à la compréhension ou à l'évaluation des autres.

Les différentes offres faites à Tina par divers commerçants symbolisent la diversité des façons dont les gens peuvent percevoir la valeur d'autrui. Chacun a sa propre perspective, influencée par ses expériences et ses connaissances. Cependant, la véritable valeur de Tina, tout comme celle de chaque individu, demeure insaisissable de manière objective ou matérielle.

En fin de compte, cette histoire nous invite à embrasser notre unicité et à nous souvenir que chacun de nous est une pierre précieuse rare et inestimable dans le vaste monde qui nous entoure. Elle nous rappelle de chérir notre individualité tout en respectant la diversité des autres, et de ne jamais sous-estimer notre propre valeur.

"LE PAYSAN ET LE CYCLE DU DESTIN"

Au cœur d'un paisible village chinois, vivait un paysan humble et sage, accompagné de son fils. Leur existence était simple et laborieuse, passée à cultiver la terre de leurs modestes champs. Leur vie prit un tournant décisif le jour où ils acquirent un cheval, une noble créature qui allégea considérablement leurs labeurs.

Les envieux voisins tentèrent un jour de leur racheter le cheval, mais le paysan déclina poliment leur offre, car ce cheval n'était pas qu'un simple outil de travail, il était devenu un compagnon fidèle, presque un membre de la famille.

Le destin sembla s'assombrir lorsque le cheval s'échappa. Confronté aux commentaires pessimistes de son voisin, le paysan répondit avec sérénité : "Qui peut vraiment dire si c'est une infortune ou une chance ?" Sa tranquillité d'esprit et sa perspective furent justifiées lorsque le

cheval revint, accompagné de chevaux sauvages, transformant ainsi une perte apparente en une opportunité inattendue.

Lorsque son fils se blessa en tentant de dompter les chevaux sauvages, le voisin considéra cela comme un malheur. Pourtant, le paysan, restant fidèle à sa philosophie, conserva une vision équilibrée, comprenant que chaque événement pouvait engendrer des conséquences multiples et imprévisibles. La sagesse du paysan se révéla une fois de plus lorsque la guerre éclata. Tous les jeunes hommes du village furent enrôlés, à l'exception de son fils, épargné en raison de sa jambe blessée. Ce qui semblait être une tragédie se révéla être un bienfait salvateur.

Cette histoire met en lumière la sagesse consistant à voir au-delà des apparences immédiates, rappelant que la vie est un enchevêtrement d'événements aux conséquences parfois insoupçonnées. Elle enseigne l'importance de maintenir un équilibre et une réflexion face aux caprices du destin, reconnaissant que ce qui peut sembler être un malheur peut en réalité être une bénédiction déguisée.

L'histoire du "Paysan et le Cycle du Destin" nous livre une leçon

précieuse sur la valeur de la perspective et de la patience dans la vie. Le paysan et son fils font face à une série d'événements qui semblent être bons ou mauvais, mais ils maintiennent une attitude de détachement et de confiance envers le cours des choses.

La principale leçon de cette histoire réside dans le fait que les événements de la vie peuvent être interprétés de différentes manières en fonction de notre point de vue. Ce qui peut sembler être un malheur à un moment donné peut se révéler être une opportunité plus tard, et vice versa. Il est donc sage de ne pas sauter hâtivement aux conclusions ou de juger précipitamment les situations.

La sagesse du paysan se manifeste par sa capacité à accepter ce qui se présente sans excès d'émotions ni préjugés. Il maintient une attitude de calme et d'ouverture face aux changements et aux défis de la vie. Cette histoire nous rappelle l'importance de la patience, de l'acceptation et de l'adaptabilité dans notre propre voyage à travers la vie. Elle nous encourage à être plus conscients de nos réactions aux événements et à envisager différentes perspectives avant de tirer des conclusions.

"LA GRAINE DE LA BONTE ET LA TRANSFORMATION D'IVAN"

Au cœur d'un paisible village russe, Ivan se distinguait par sa générosité et son amour pour ses semblables. Sa bienveillance rayonnait sur la communauté, apportant chaleur et réconfort à tous. Un jour, lors d'une promenade en forêt, il fit une découverte exceptionnelle : une graine d'une beauté singulière. Intrigué, il décida de la planter dans son jardin, sans se douter des merveilles qu'elle renfermait.

Ivan prit soin de cette graine mystérieuse avec une dévotion inébranlable. Elle grandit lentement, révélant finalement une fleur d'une splendeur à couper le souffle. Ses pétales vibrants et son parfum envoûtant firent rapidement d'elle la fierté du village.

La beauté exceptionnelle de la fleur d'Ivan ne passa pas inaperçue, et son rayonnement s'étendit bien au-delà des limites de son jardin. Elle devint le symbole vivant de la gentillesse et de l'amour, inspirant les villageois à embrasser ces vertus. Conscient du précieux don que lui

avait offert le destin, Ivan partagea généreusement les graines de sa fleur, permettant ainsi à d'autres de cultiver la bonté à leur tour.

Au fil des années, le village tout entier fut transformé par l'esprit de générosité et d'entraide inspiré par la fleur d'Ivan. Les actes de bonté se multiplièrent, créant une atmosphère de bienveillance et de solidarité qui changea profondément la vie de tous les habitants.

L'histoire d'Ivan et de sa graine miraculeuse nous rappelle l'importance des petites actions. La compassion et la gentillesse incarnées par la fleur issue de cette graine ont déclenché un effet domino de positivité et de transformation, démontrant que même les gestes les plus modestes peuvent engendrer des changements profonds et durables.

"L'histoire de la Graine de la Bonté et la Transformation d'Ivan" est un conte inspirant qui met en lumière la puissance de la gentillesse, de la compassion et de l'amour pour transformer une communauté. Ivan, en cultivant la graine de la bonté et en partageant ses graines avec les autres, a contribué à créer un environnement où les actes de bonté et d'entraide sont encouragés et se multiplient.

Cette histoire nous rappelle que même les plus petites actions positives peuvent avoir un impact significatif sur le monde qui nous entoure. Elle nous encourage à semer les graines de la bonté, de la générosité et de l'amour, en sachant que ces actes peuvent se propager et entraîner des transformations profondes et durables. La transformation du village dans cette histoire nous montre que lorsque nous choisissons de cultiver des valeurs positives et de les partager avec les autres, nous pouvons contribuer à créer un monde meilleur pour tous. C'est une leçon précieuse qui nous rappelle l'importance de la bienveillance et de l'entraide dans nos propres vies et dans la société en général.

"LA PERSEVERANCE DE LA BONTE"

Un jour ensoleillé au bord d'une rivière, Sophie et son père furent témoins d'une scène qui allait changer leur vie. Un chaton en détresse attira leur attention, et sans hésiter, le père de Sophie plongea dans l'eau pour sauver l'animal. Cependant, une fois en sécurité, le chaton effrayé griffa son sauveur avant de retomber dans la rivière.

Sophie, interloquée par la réaction de son père, lui demanda pourquoi il persistait à sauver le chat malgré les griffures. Son père, avec une détermination inébranlable, lui expliqua qu'il ne pouvait pas rester

indifférent face à la détresse d'un être vivant. Il replongea, cette fois en se protégeant avec sa veste, et sauva une fois de plus le chaton.

Après cet acte héroïque, il partagea avec Sophie une leçon de vie inestimable : ne jamais laisser les réactions des autres altérer sa propre nature. Le chat, agissant par instinct, n'avait pas changé la nature bienveillante de son père. "Ne te laisse pas influencer par les comportements des autres. Reste fidèle à ta bonté innée, mais fais preuve de prudence," lui conseilla-t-il.

Sophie assimila la sagesse de cette leçon. Elle comprit l'importance de rester elle-même et de continuer à être bienveillante, même face à des réactions négatives ou indifférentes. Elle réalisa que son attitude positive et son respect pouvaient apporter de la lumière, même dans les moments les plus sombres.

Cette leçon marqua un tournant dans la vie de Sophie. Elle s'engagea à maintenir son approche bienveillante et respectueuse, quelles que soient les circonstances. Elle comprit que sa bonté pouvait être une

source d'inspiration et de lumière dans un monde parfois difficile et imprévisible.

"L'histoire de Sophie et le chaton" est un rappel puissant que la bonté et la persévérance dans les principes peuvent transformer non seulement nos propres vies, mais aussi celles des autres autour de nous.

"La Persévérance de la Bonté" est une histoire touchante qui met en lumière l'importance de rester fidèle à sa nature bienveillante, même face à des réactions négatives ou indifférentes des autres. Le père de Sophie, en sauvant le chaton malgré les griffures de l'animal, illustre admirablement la persévérance dans l'acte de bonté.

Cette histoire nous enseigne que la gentillesse et la bienveillance sont des qualités précieuses à préserver, même lorsque d'autres peuvent ne pas les apprécier ou y répondre de manière négative. Elle nous rappelle que nous avons le pouvoir de choisir notre propre comportement et que nos actions positives peuvent avoir un impact durable sur les autres, même dans des situations difficiles.

Sophie, en intégrant cette leçon dans sa vie, devient un exemple de persévérance dans la bonté. Elle comprend que sa nature bienveillante peut être une source de lumière et d'inspiration pour les autres, même dans un monde parfois difficile et complexe.

En fin de compte, "La Persévérance de la Bonté" nous rappelle que la bonté est une force puissante qui peut transcender les obstacles et apporter de la lumière et du réconfort, et qu'il est essentiel de la cultiver et de la préserver, peu importe les circonstances.

"PAVEL, IVAN ET LE TRESOR DE L'AMITIE"

Dans un village russe, l'amitié inébranlable entre Pavel et Ivan était l'objet d'admiration de tous. Leur lien était si fort qu'ils partageaient chaque instant de leur vie, illustrant ainsi la puissance des véritables amitiés.

Un jour, une tempête dévastatrice s'abattit sur leur village, endommageant gravement leur maison commune. Se retrouvant sans

abri, Pavel et Ivan cherchèrent de l'aide, mais découvrirent que leurs voisins étaient eux-mêmes aux prises avec les conséquences de la tempête.

C'est alors que Mikhail, un vieil homme bienveillant du village, intervint. Ayant entendu parler de leur détresse, il leur offrit refuge, nourriture et soutien. Pavel et Ivan, reconnaissants mais gênés d'imposer, décidèrent après quelque temps de retourner dans leur demeure, bien qu'elle soit encore en piteux état.

En apprenant leur décision, Mikhail se montra attristé mais respectueux de leur choix, leur offrant des provisions pour leur retour. Malgré leur situation précaire, Pavel et Ivan se sentaient troublés par la solitude de Mikhail.

Finalement, mettant de côté leur fierté, ils retournèrent chez Mikhail, non pas pour demander de l'aide, mais pour lui offrir leur amitié en gage de gratitude. Ils lui affirmèrent que bien qu'ils ne pouvaient pas contribuer matériellement, ils étaient prêts à partager le plus précieux des dons : l'amitié sincère.

Mikhail, ému, leur révéla que leur amitié était pour lui un trésor inestimable, bien plus précieux que tout bien matériel. Cette soirée, passée à échanger souvenirs et espoirs, renforça leur conviction que la véritable richesse réside dans les liens humains sincères.

"L'histoire de Pavel, Ivan et Mikhail" est un rappel émouvant que dans un monde parfois imprévisible et difficile, l'amitié véritable est une source de force, de réconfort et de richesse intérieure inégalable.

"LE MAITRE ZEN ET LA REVELATION DU VOLEUR"

Dans un village baigné de tranquillité, vivait un maître zen, personnage de sérénité et de sagesse. Un soir, alors que le crépuscule enveloppait le monde, un voleur armé fit irruption dans sa demeure.

Avec une tranquillité désarmante, le maître leva les yeux de son livre et invita calmement le voleur à prendre ce qu'il désirait. Cette réaction inattendue décontenança le voleur, qui, bien que prenant l'argent, fut touché par la demande du maître de laisser de quoi honorer un don promis.

Lorsque le voleur se dirigeait vers la sortie, le maître, avec une pointe d'humour, lui fit remarquer son manque de politesse pour ne pas avoir remercié. Stupéfait, le voleur prononça des remerciements et quitta précipitamment les lieux, bouleversé par cette expérience.

La rencontre avec le maître laissa une empreinte indélébile sur le voleur, qui partagea son histoire avec émotion, affirmant n'avoir jamais ressenti une telle peur.

Lorsque les autorités appréhendèrent le voleur et que son cas fut porté devant la justice, le maître fut appelé à témoigner. Avec une douceur et une bienveillance caractéristiques, il minimisa l'incident, affirmant avoir offert l'argent au voleur, qui l'avait même remercié.

Cet acte de pardon et de compréhension eut un impact

profond sur le voleur. Il confessa ses méfaits et, après avoir purgé une peine légère, il choisit de suivre la voie du maître, se transformant en son disciple.

Cette histoire est une puissante illustration de la force transformatrice du pardon et de la bonté. Elle montre que même dans les situations les plus sombres, un geste de compassion et de compréhension peut éclairer le chemin de la rédemption et du changement. Le maître zen, par son exemple, enseigna non seulement au voleur, mais aussi à la communauté, que la véritable force réside dans la douceur et l'acceptation.

"ELIZABETH ET LA QUETE DE L'AMOUR VERITABLE"

Au cœur d'un village anglais du XIXe siècle, Elizabeth, une jeune femme à l'esprit vif et au caractère indépendant, aspirait à une vie au-delà des conventions sociales. Contrairement aux attentes de l'époque, elle ne recherchait pas simplement un mariage avantageux, mais souhaitait un amour fondé sur le respect et la compréhension mutuelle.

Lors de ses promenades, Elizabeth rencontra Mr. Darcy, un homme de haute condition, mais à l'allure froide et distante. Initialement, son attitude hautaine et son apparente arrogance lui déplurent fortement. Cependant, avec le temps, Elizabeth commença à entrevoir la véritable nature de Mr. Darcy, découvrant en lui un homme de principes et d'honneur.

Malgré l'attraction grandissante entre eux, leur chemin vers l'amour fut semé d'embûches. Les barrières sociales, les malentendus et les pressions de leur entourage mirent à l'épreuve leur affection naissante. Mais Elizabeth et Mr. Darcy, guidés par leur amour profond et sincère, firent preuve d'une grande persévérance pour surmonter ces défis.

Leur amour, une fois épanoui, défia les conventions et les préjugés. Leur union fut célébrée non seulement pour l'union de deux cœurs, mais aussi comme un symbole de la victoire de l'amour sur les normes sociales rigides.

Leur mariage, en fin de compte, était tout ce qu'Elizabeth avait souhaité : un partenariat égalitaire fondé sur l'amour véritable, le respect et la compréhension mutuelle. L'histoire d'Elizabeth et Mr. Darcy est un hymne à la puissance de l'amour, à l'importance de suivre son cœur et à la conviction que les vraies valeurs de l'amour peuvent triompher des barrières sociales et des préjugés.

"Elizabeth et la Quête de l'Amour Véritable" est une histoire emblématique de la littérature classique, tirée du roman "Orgueil et

Préjugés" de Jane Austen. Cette histoire met en avant les thèmes de l'amour véritable, du respect mutuel et de la persévérance dans le contexte de la société anglaise du XIXe siècle, où les mariages étaient souvent arrangés en fonction de la classe sociale et de la richesse.

Elizabeth Bennet, en tant que protagoniste, incarne une femme indépendante et intelligente qui recherche un amour fondé sur des valeurs plus profondes que la simple convenance sociale. Mr. Darcy, malgré son attitude initiale réservée et hautaine, révèle peu à peu sa véritable nature et son honnêteté, ce qui attire Elizabeth vers lui.

L'histoire souligne également les obstacles et les préjugés sociaux auxquels les deux protagonistes sont confrontés, mais montre comment leur amour et leur persévérance leur permettent de surmonter ces obstacles pour finalement réaliser leur désir d'une union basée sur l'amour véritable et la compréhension mutuelle.

"Orgueil et Préjugés" est un roman classique qui a captivé les lecteurs depuis sa publication et qui continue d'inspirer des adaptations et des interprétations à travers les générations. L'histoire d'Elizabeth et Mr. Darcy reste un exemple intemporel de la puissance de l'amour et de la conviction que l'amour véritable peut triompher de tous les obstacles.

"LA SAGESSE DU SEL ET DU LAC"

Il était une fois, dans un paisible coin de l'Inde, un sage maître qui vivait avec son jeune apprenti. Conscient des luttes intérieures de son disciple face aux défis de la vie, le maître décida de lui transmettre une leçon précieuse sur la sérénité.

Un matin, il demanda à l'apprenti d'apporter une poignée de sel. Lorsque l'apprenti revint avec le sel, le maître lui fit dissoudre la poignée dans un verre d'eau et lui demanda de goûter. Comme prévu, l'eau était devenue très salée, presque insupportable.

Avec un sourire empreint de sagesse, le maître guida l'apprenti jusqu'à un lac voisin, où il lui demanda de dissoudre le reste du sel dans l'eau du lac. Cette fois, il pria l'apprenti de goûter à l'eau du lac. À sa grande surprise, l'eau était douce et rafraîchissante, malgré le sel ajouté.

Le maître expliqua alors à l'apprenti que la douleur et les difficultés de la vie étaient comparables à ce sel. Leur quantité était constante, mais la manière dont on les ressentait dépendait du contexte dans lequel on les plaçait. Il dit : "La douleur dans la vie, tout comme le sel dans l'eau, est inévitable, mais tu as le pouvoir de choisir la taille de ton récipient. Ne te limite pas à un petit verre, étends-toi pour devenir un lac."

Cette parabole du sel et du lac enseigna à l'apprenti l'importance d'élargir sa perspective pour mieux gérer la douleur et les difficultés. En

devenant comme un lac, vaste et profond, il pouvait absorber et gérer les peines de la vie sans se laisser submerger.

L'histoire illustre la force de l'adaptabilité et de l'élargissement de nos perspectives face aux épreuves de la vie. Elle rappelle que bien que nous ne puissions pas toujours contrôler les événements extérieurs, nous avons le pouvoir de choisir comment nous les vivons intérieurement.

Morale de l'histoire : Cultiver une perspective plus large et positive face à la vie, tout en embrassant les épreuves comme des occasions de grandir, peut nous aider à devenir des réservoirs de force et de sérénité, prêts à affronter les défis avec grâce et sagesse.

"EMMA ET LA LEÇON DE L'AMOUR"

Il était une fois, dans un charmant village anglais, une jeune femme du nom d'Emma. Elle était admirée pour sa beauté, son intelligence et son esprit enjoué. Cependant, Emma avait une inclination pour jouer les entremetteuses, ce qui la conduisit à une mission particulière : trouver un mari pour son amie, Harriet Smith, qui venait d'une classe sociale moins aisée.

Convaincue qu'un mariage avantageux améliorerait la vie de Harriet, Emma la persuada de décliner la proposition d'un homme aimable, mais de rang social modeste. Malheureusement, les intentions bienveillantes d'Emma eurent des conséquences imprévues. Harriet, secrètement éprise de l'homme qu'elle avait rejeté sur les conseils d'Emma, fut accablée de chagrin.

Confrontée aux résultats malheureux de ses actions, Emma comprit l'impact négatif de ses manigances. Elle réalisa que ses manipulations avaient engendré davantage de peine que de joie. Face à cette prise de conscience, Emma fit preuve de courage et décida de changer. Elle apprit à suivre son cœur plutôt que de se conformer aux normes sociales.

Au fil de cette période de réflexion et de croissance personnelle, Emma découvrit l'amour en la personne de Mr. Knightley, un ami de longue date de sa famille. Mr. Knightley, homme de principes et de compassion, partageait les nouvelles convictions d'Emma en matière d'amour et de mariage.

Leur relation se développa sur des bases solides : un amour sincère, le respect mutuel et une compréhension profonde l'un de l'autre. Le mariage d'Emma et de Mr. Knightley fut une célébration joyeuse de leur amour, un amour qui avait évolué au-delà des conventions sociales et des attentes extérieures.

Cette histoire d'Emma nous enseigne une leçon précieuse sur la croissance personnelle, la découverte de soi et la véritable nature de l'amour. Elle démontre comment les défis et les erreurs peuvent nous aider à mieux comprendre notre propre nature et celle des autres, et comment l'amour authentique peut surgir de l'introspection sincère et du courage de changer.

Morale : L'histoire d'Emma nous rappelle que la croissance personnelle, l'empathie et le respect des autres sont essentiels pour trouver un amour véritable. Elle nous enseigne également que l'authenticité et le suivi de notre cœur sont bien plus importants que de se conformer aux normes sociales ou de manipuler les destins des autres.

"LES LAPINS ET LA SAGESSE DU HIBOU"

Il était une fois, dans une paisible clairière, une famille de lapins qui vivait dans la joie et l'harmonie. Les parents avaient deux fils, l'un d'une nature douce et réfléchie, tandis que l'autre était plus impulsif et fougueux. Ils souhaitaient enseigner à leurs enfants les précieuses leçons de la vie et décidèrent de les emmener rencontrer le sage maître Hibou.

Le maître Hibou, qui comprenait les différences entre les deux frères, décida de leur confier une mission spéciale pour les guider sur le chemin de la sagesse. Il leur remit à chacun une planche en bois et un sac de clous. Leur mission était simple : enfoncer un clou dans la planche à chaque fois qu'ils ressentaient de la colère ou agissaient mal, et retirer un clou pour chaque acte de bonté qu'ils accomplissaient. Ils ne pouvaient rentrer à la maison que lorsque leurs planches étaient totalement dépourvues de clous.

Après un certain temps, les deux frères revinrent vers le maître Hibou. L'aîné avait réussi à maintenir sa planche intacte, tandis que celle du cadet était criblée de clous. Cependant, malgré les différences visibles, le cadet avait subi une transformation intérieure, montrant plus de douceur et de compréhension envers les autres.

Le sage Hibou, en examinant attentivement la planche du cadet, lui enseigna une leçon précieuse : "Jeunes âmes, vos planches en disent long sur vos actions passées. Même si la tienne est maintenant embellie, elle garde les cicatrices des clous, rappelant les paroles blessantes et les comportements regrettés que nous pouvons avoir. Tout comme ces clous, nos actions laissent des marques sur les cœurs des autres."

Cette histoire illustre l'importance des actes et des paroles dans nos interactions quotidiennes. Elle nous rappelle que chaque action et chaque mot ont un impact durable sur les autres, laissant des empreintes positives ou négatives. L'histoire du jeune lapin impulsif nous montre que la transformation personnelle est possible, mais que

les conséquences de nos actes passés demeurent, nous invitant à réfléchir à notre comportement et à notre manière de communiquer.

Morale : "Les Lapins et la Sagesse du Hibou" nous enseigne que nos actes et nos paroles laissent des traces profondes sur les cœurs des autres, même lorsque nous changeons pour le mieux. C'est pourquoi il est essentiel d'agir avec gentillesse, de peser nos paroles et d'adopter une attitude douce et compréhensive envers autrui. Chaque geste de bonté contribue à embellir nos âmes et celles des autres, tandis que les blessures que nous infligeons peuvent laisser des cicatrices durables.

"TOM ET LA LEÇON DU POT MAGIQUE"

Dans un village paisible, vivait un petit garçon nommé Tom, qui était souvent assailli par des pensées sombres et négatives. La tristesse et la frustration étaient ses compagnons constants, car il avait la fâcheuse habitude de rumination des remarques désobligeantes qu'il entendait. Cependant, Tom désirait ardemment un changement dans sa vie, et c'est ainsi qu'il se tourna vers un maître zen réputé pour sa capacité à aider les gens à surmonter leurs pensées négatives.

Lorsque Tom rencontra le maître, ce dernier lui présenta un pot apparemment vide et lui demanda ce qu'il y voyait. Après un moment de réflexion, Tom réalisa que, bien que le pot semble vide, il était en

réalité rempli d'air. Le maître expliqua alors que tout comme le pot était rempli d'air invisible, l'esprit de Tom était rempli de pensées négatives invisibles.

Le maître zen offrit à Tom une méthode pour remplacer ses pensées négatives par des émotions positives telles que l'amour, la compassion et la sérénité. Il conseilla à Tom de s'engager dans des activités qui le rendaient heureux, de passer du temps avec les personnes qu'il chérissait, et de pratiquer la gratitude. Ces actions, expliqua-t-il, agiraient comme de l'eau, chassant l'air du pot et purifiant ainsi l'esprit de Tom.

Cette métaphore simple, mais puissante, fit une profonde impression sur Tom. Elle lui enseigna que remplir son esprit de pensées positives et d'émotions agréables pouvait véritablement chasser les pensées négatives. Le maître zen souligna que le changement commence de l'intérieur, et que l'état d'esprit de Tom avait un impact direct sur sa vie quotidienne.

Ainsi, Tom apprit que la clé pour surmonter ses pensées négatives résidait dans la culture active de pensées positives et d'émotions agréables. La leçon du pot magique devint un précieux guide pour Tom, l'aidant à transformer son esprit et à aborder la vie avec une perspective plus joyeuse et optimiste.

"L'histoire de Tom et la Leçon du Pot Magique" est une belle métaphore qui illustre de manière simple mais puissante le concept de la transformation de l'esprit par la culture d'émotions positives. Cette histoire met en évidence l'importance de la prise de conscience de nos pensées et de la façon dont elles peuvent influencer notre bien-être émotionnel.

Tom, en apprenant à remplacer ses pensées négatives par des pensées positives et des émotions agréables, découvre qu'il peut influencer positivement son propre état d'esprit et sa perception de la vie. Cette leçon du maître zen résonne avec de nombreuses personnes qui luttent contre la négativité et cherchent des moyens de cultiver un esprit plus positif et optimiste.

L'histoire nous rappelle que le changement commence de l'intérieur, et que nous avons le pouvoir de transformer notre propre mentalité en faisant des choix conscients pour cultiver la positivité. C'est un rappel précieux que nous pouvons tous travailler sur notre bien-être émotionnel et notre état d'esprit pour mener une vie plus heureuse et épanouissante.

"ALI ET LA RICHESSE DE L'ÂME"

Dans une cité ancienne, Ali, un marchand prospère, entreprit un voyage ambitieux pour étendre son commerce. Malheureusement, en cours de route, il fut victime d'un vol qui le priva de toutes ses marchandises. Cette perte soudaine le laissa désemparé, car il avait perdu les biens qui représentaient sa sécurité et son statut.

Contraint d'abandonner sa vie antérieure, Ali apprit à survivre grâce à des moyens simples. Il découvrit la pêche, la chasse et la cueillette, réalisant que cette existence plus rudimentaire lui apportait une paix

intérieure insoupçonnée. Libéré du poids de ses possessions, il dormait mieux et vivait plus librement.

Ali commença à rencontrer les gens de manière plus authentique, établissant des relations basées sur la sincérité plutôt que sur l'intérêt matériel. Au cours de ses voyages, il fit la connaissance d'un derviche qui vivait humblement dans les montagnes. Malgré sa pauvreté matérielle, le derviche possédait une grande sagesse et une profonde compassion.

Lors de leur rencontre, le derviche partagea avec Ali sa vision de la beauté de la simplicité et du calme de l'âme. Ali lui raconta ses expériences et les leçons qu'il avait apprises depuis le début de sa

nouvelle vie. Le derviche lui révéla alors que la véritable richesse se trouvait dans la simplicité, la paix intérieure et les relations authentiques, des trésors bien plus précieux que les biens matériels.

Inspiré par ces enseignements, Ali décida de mettre sa nouvelle sagesse au service des autres. Il devint un homme transformé, respecté pour sa bonté et son humanité, et non plus pour ses richesses matérielles. Il trouva un équilibre entre le monde matériel et les richesses de l'âme, devenant un modèle de générosité et d'humilité.

L'histoire d'Ali illustre la quête de l'équilibre entre le matériel et le spirituel. Elle nous rappelle que, même dans la perte, nous pouvons découvrir une source de satisfaction plus profonde dans la simplicité, la paix intérieure et les liens authentiques avec autrui.

"Ali et la Richesse de l'Âme" est une histoire inspirante qui met en lumière la transformation personnelle et la quête de sens dans la vie. Ali, initialement un marchand prospère, perd tout ce qu'il possède dans un vol, ce qui le pousse à réévaluer ses priorités et sa vision de la richesse.

La rencontre avec le derviche lui ouvre les yeux sur la valeur de la simplicité, de la paix intérieure et des relations authentiques. Ali réalise que la vraie richesse ne se mesure pas seulement en biens matériels, mais aussi en qualité de vie, en harmonie intérieure et en connexions humaines significatives.

Cette histoire rappelle l'importance de trouver un équilibre entre la quête de succès matériel et la recherche de sens et de bonheur intérieur.

Elle encourage à réfléchir sur ce qui est vraiment précieux dans la vie et à mettre l'accent sur les aspects essentiels de l'existence, tels que la compassion, la générosité et les relations authentiques.

"LA GENEROSITE DU BOL EN CERAMIQUE"

Dans l'ancienne Chine, régnait un jeune empereur sage et bienveillant du nom de Li Wei. Son règne était marqué par son amour profond et son dévouement envers son peuple. Un jour, un humble potier du nom de Zhang se présenta au palais, portant avec lui un bol en céramique d'une beauté exceptionnelle. L'empereur Li Wei fut immédiatement captivé par cet objet d'art, symbole de simplicité et d'élégance.

Li Wei exprima son désir d'acquérir un bol similaire, demandant à Zhang s'il pouvait en créer un autre. Zhang, touché par l'intérêt de l'empereur, expliqua que ce bol était unique, forgé par son amour et sa passion pour la poterie, et qu'il ne pouvait être répliqué. Profondément reconnaissant pour le dévouement de Zhang, l'empereur lui offrit une récompense généreuse, bien au-delà de la valeur du bol.

Le bol devint un trésor précieux dans le cœur de l'empereur, une source quotidienne de rappel de la beauté de la simplicité. Cependant, lorsque la famine frappa le royaume, l'empereur se retrouva confronté

à un choix déchirant : vendre ce précieux bol pour acheter de la nourriture pour son peuple affamé. Il sollicita l'avis de Zhang, mais ce dernier refusa de reprendre le bol, affirmant que le don était un geste du cœur et que l'empereur devait l'utiliser pour le bien de tous.

L'empereur, profondément ému par la grandeur d'âme de Zhang, vendit le bol et utilisa l'argent ainsi récolté pour soulager la souffrance de son peuple. Cette action désintéressée sauva de nombreuses vies et renforça le lien entre l'empereur et ses sujets.

L'histoire du "Bol en Céramique de Zhang" est un témoignage poignant de la puissance de la générosité et de la compassion. Elle souligne que la véritable richesse réside non pas dans les possessions matérielles, mais dans notre capacité à aider et à prendre soin des autres, même au prix de sacrifices personnels. La générosité de Zhang et la décision altruiste de l'empereur sont des exemples inspirants de la manière dont nos actions peuvent apporter de l'espoir et du réconfort dans des moments difficiles.

Cette histoire nous rappelle que la vraie richesse se trouve dans la bonté du cœur et le partage de ce que nous avons, surtout lorsque les besoins sont grands. Elle montre comment un acte de générosité peut avoir un impact significatif sur la vie des autres et renforcer les liens au sein de la communauté. Le bol en céramique devient ainsi un symbole de la puissance de l'amour et de la compassion, bien plus précieux que tout trésor matériel.

Chers lecteurs et lectrices,

Je vous remercie profondément d'avoir voyagé avec moi à travers le monde magique et instructif des "Contes de Sagesse". Votre engagement et vos retours sont pour moi de véritables joyaux d'inspiration. J'espère de tout cœur que ces contes vous ont captivés et transportés dans un univers où s'entremêlent sagesse et imagination.

Chaque histoire de ce recueil a été soigneusement élaborée pour toucher vos sens et éveiller vos émotions. Si une de ces histoires a trouvé un écho particulier en vous, je serais ravi de l'apprendre. Vos impressions et expériences personnelles sont pour moi d'une grande valeur, et je promets de lire et de prendre en considération chacun de vos commentaires avec la plus grande attention.

Pour partager vos pensées, vos sentiments, ou même les enseignements que vous avez tirés de ces contes, n'hésitez pas à m'envoyer un message à contesetrecitsjoyeux@gmail.com. J'accueille également avec enthousiasme vos avis sur la plateforme où vous avez acquis mon livre. Vos mots sont pour moi des fenêtres qui s'ouvrent sur des univers que nous construisons ensemble.

Avec toute ma gratitude,

Cenk OZTURK

Printed in Great Britain
by Amazon

32985935R00094